Bibliografische Information der Deutschen
Nationalbibliothek: Die Deutsche Nationalbibliothek
verzeichnet diese Publikation in der Deutschen
Nationalbibliografie; detaillierte bibliografische
Daten sind im Internet über
dnb.dnb.de abrufbar.

1. Auflage 2021

Herstellung und Verlag: BoD – Books on Demand, Norderstedt

ISBN: 9783753423029

Vorwort

Seit dem 42ten Lebensjahr weiß ich von meiner autistischen Spektrum Störung (ASS). Das größte Problem bei Menschen mit autistischen Zügen ist die Schwierigkeit sich im sozialen Leben zurecht zu finden. Wir alle (Autisten) basteln uns deswegen Werkzeuge, um in dieser Welt durch zu kommen.

Einige dieser Werkzeuge, die ich im Laufe meines Lebens entwickelt habe, möchte ich hier vorstellen. Aber auch wie ich dazu gekommen bin, diese Werkzeuge zu entwickeln. Vieles habe ich durch *Trial and Error* gelernt, nach meiner Diagnose halfen mir dabei auch die Psycho- und die Ergotherapie.

Ich bedanke mich hier sehr bei meiner Kollegin *Stephanie Walter*, die mein Gewusel an Text (ich hatte immer viel Phantasie in Grammatik, Stil und Rechtschreibung) korrigiert und den vielen Infos, die ich in den Therapien und der Selbsthilfegruppe bekommen habe.

1

Über das Buch

Das Buch beschreibt *zum einen* einige Werkzeuge, die ich im Laufe meines Lebens erlernt, aber auch aus den Erfahrungen der Teilnehmer der Selbsthilfegruppen und der Peer2Peer-Beratung mitgenommen habe. Aus dem Grund wird man hier auch keine Literaturangaben finden.

Zum anderen soll es aber auch einen kleinen Einblick in das autistische Spektrum und die damit verbundenen Probleme liefern.

Der Autor

Stephan Weber, geboren 1969 in Köln, ist im Bereich des autistischen Spektrums aktiv und hat seine Diagnose erst im späten Alter von 42 Jahren erhalten.

Er machte erfolgreich eine Lehre zum Elektroinstallateur und studierte danach die technische / angewandte Physik mit Diplomabschluss. Er war mit einer Finnin verheiratet und hat einen Sohn. Die Trennung führte im Endeffekt auch dazu, dass er die Diagnose im autistischen Spektrum erhielt.

Er wusste zwar, dass er immer Schwierigkeiten mit anderen Menschen hatte, und kannte auch in groben Zügen die Probleme im autistischen Spektrum, die Diagnose sorgte aber im letztendlich dazu, dass er heute vernünftig an sich arbeiten kann.

Inhaltsverzeichnis

Ein paar Grundlagen für Nichtautisten

Begriffserläuterungen im Text

Aspie

Hergeleitet aus *Asperger Syndrom*, eine veraltete Bezeichnung für eine spezielle Form im autistischen Spektrum. *Lorna Wing* hat die von *Hans Asperger* 1943 beschriebenen Verhaltensweisen 1981 wiederentdeckt und diese Form nach ihm benannt.

Als Aspies werden Menschen mit dieser Diagnose bezeichnet. Von NTs wird es oft auch als Beleidigung verwendet.

Da aber nach neuesten Erkenntnissen die Bandbreite weitaus breiter ist, verwendet man heute den Begriff *Autismus-Spektrum-Störung* für alle Formen des Autismus.

ASS

Abkürzung für *Autismus-Spektrum-Störung*. Da es *den* Autisten nicht gibt, die Bandbreite ist enorm, differenziert man heute nicht mehr in *Frühkindlich*, *Asperger*, *Hochfunktional* und *Atypisch*.

Der Autismus ist eine tiefgreifende, vorgeburtliche Entwicklungsstörung. Sie hat nichts mit schlechter Erziehung ("Rabeneltern") zu tun, und es existieren *keine* Medikamente, um den Autismus zu beenden.

Wobei zu bedenken ist, ob Menschen mit Behinderung überhaupt geändert werden sollten. Wie wäre es, wenn sich die Gesellschaft den unterschiedlichen Lebensformen anpassen würde und nicht umgekehrt?

Wohl existieren aber Hilfen (wir nennen es Werkzeuge oder engl. Tools) die uns dabei helfen, in dieser Welt zurecht zu kommen. Nun sollte man aber bedenken, dass diese für Autisten sehr viel Energie und Zeit beanspruchen, die danach an anderer Stelle fehlt.

Es existieren allerdings Medikamente, die kurzfristig eingesetzt werden können,

+ um bei einen Overload wieder in die Spur zu kommen oder

+ die sensorischen Eindrücke zu dämpfen.

Wie alle Medikamente haben diese im Einsatz auch Nebenwirkungen. Klassisch werden zum Beispiel bei Overloads Relaxationsmittel, also Entspannungsmit tel, eingesetzt. Das Problem bei diesen Mitteln ist aber zum einen die Gefahr der Abhängigkeit, zum anderen beeinträchtigen sie die Sinne derart, dass ein gefahrloser Umgang mit der Umwelt nicht gewährleistet sein kann und dadurch keine Arbeitsfähigkeit und Verkehrssicherheit mehr besteht. Mittel, die die sensorischen Eindrücke dämpfen, haben zudem den Nachteil, dass dadurch allgemein Informationen verlorengehen.

Hypersensibilität

Die Hypersensibilität ist eine Besonderheit, bei der es noch nicht so lange her ist, dass sie zum ersten Mal richtig beschrieben wurde. Hypersensible Menschen würde ich persönlich zum neurodiversen, nicht aber zum autistischen Spektrum zählen. Sie unterscheiden sich doch in einigen Aspekten von den Menschen mit ASS.

Eine Gemeinsamkeit ist die *Hypersensitivität*, also die Unfähigkeit, sensorische Daten automatisch zu filtern. Jede Information kommt in gleicher Wertigkeit an. Im Gegensatz zu Menschen mit Autismus sind Hypersensible dennoch meist in der Lage Emotionen des Gegenübers zu deuten.

Dennoch macht es keinen Unterschied, wenn zu viele Informationen auf einmal hereinbrechen: Der Overload und danach der Meltdown unterscheiden sich nicht signifikant von denen der Menschen im autistischen Spektrum.

Ich selber kenne langsam so einige Menschen, die hypersensibel sind. Deswegen bestreite ich auch eine gängige Meinung, dass Hypersensible zu 100% empathisch sind, genauso wenig wie man sagen kann das

Menschen im autistischen Spektrum komplett ohne Empathie sind. Die Wahrheit liegt wie immer dazwischen.

Komorbidität

Die Autismus-Spektrums-Störung ist eine Form der Behinderung, deren Einschränkungen es in der gerade heutigen Gesellschaft sehr schwer machen. Dieses führt nicht selten zu weiteren Krankheitsbildern, die zusätzlich vorhanden oder die Folge dieser Schwierigkeiten sind, den *Komorbiditäten*. Menschen mit ASS sind ja nicht ohne Empathie, ganz im Gegenteil, und die Vulnerabilität (Verletzlichkeit) ist mindestens genau so hoch.

Vorkommende Komorbiditäten wären zum Beispiel:

+ Depressionen (unipolar wie bipolar)

+ AD(H)S

+ Borderline

+ suchtmittelbezogene Abhängigkeiten (materiell wie immateriell)

Es muss aber gesagt werden, dass Komorbiditäten KEIN MUSS KRITERIUM sind. Jeder Mensch ist anders, und das heißt, dass unterschiedlich mit den Schwierigkeiten umgegangen wird.

Meltdown

Der *Meltdown* ist die Folge des Overloads. Gefühlsmäßig kann dies wie ein zusammengeschmolzener Käseblock verglichen werden. Wie bei einem Meltdown reagiert wird ist ganz unterschiedlich. Das kann ein kompletter Rückzug sein, bis hin zum depressivem Verhalten, aber auch verbale oder (selten) körperliche Aggression. Das Verhalten ist situationsbedingt und nie gleich.

Narzissmus

Eine andere Art einer Behinderung. Narzissten beziehen alles auf sich (Egozentrik) und wollen dies meist mit allen Formen der möglichen Gewalt durchsetzen. Das größte Problem hierbei ist, dass, im Gegensatz zu den anderen Behinderungen, diese von den Betroffenen selbst nicht er- und als Behinderung anerkannt wird.

Auf den ersten Blick scheinen Autismus und Narzissmus gleich zu sein. Näher betrachtet erkennt man aber, dass Narzissten die Emotionen anderer zwar wahrnehmen, sie aber bewusst ignorieren.

Neurodivers

Als Neurodivers bezeichnen sich diejenigen, die nicht ins „neurotypische" Bild passen. (siehe unten). Neben den Menschen im autistischen Spektrum würde man hier auch diejenigen mit AD(H)S, Borderliner, schizoiden Erkrankungen und auch weitere dazu zählen.

Neurotypisch, NT

So werden nicht autistische Personen von Menschen mit Autismus oft bezeichnet.

Overload

Ein Overload ist der Zustand, wenn so viele Eindrücke oder Informationen zusammengekommen sind, dass diese nicht mehr verarbeitet werden können. Die Informationsaufnahme ist nicht nur bei uns Menschen begrenzt. Der Körper schützt sich normalerweise dadurch, indem er nicht signifikante Informationen ausblendet. Ist diese Eigenschaft nicht vorhanden, oder die Informationsflut ist zu hoch, als dass selektiert werden kann, dann reagiert der Körper entweder mit

dem kompletten Abschalten der Verarbeitung (quasi ein Streik). Die betroffene Person ist Apathisch und Reaktionslos.

aktiven Auslassen der Eindrücke. Dieses Verhalten findet man häufig bei Kindern.

In beiden Fällen ist es am besten, die betroffene Person in Ruhe zulassen, eventuell eine reizarme Umgebung anzubieten.

Vampire

Menschen, die einem alle Energie rauben, werden in den Kreisen des autistischen Spektrums *Vampire* genannt. Das Problem ist, dass diese das oft nicht einmal bewusst machen. Insbesondere dann, wenn jemand immer hilfsbereit zeigt, ist der Hang groß, dass dieses auch ausgenutzt wird. Spart ja auch eigene Ressourcen.

Inklusion - Integration - Exklusion

Inklusion ist möglich –
Behinderte müssen sich nur mehr anstrengen!

Verzeiht den Kommentar, aber selten habe ich einen
Schwachsinn so häufig gehört wie den obigen. Jeder
Mensch ist anders, unsere Gesellschaft setzt allerdings
Bedingungen auf, um das gemeinsame Leben zu ge-
währleisten.

Nun gibt es Menschen, die diese Bedingungen einfach nicht erfüllen *können*. Sei es durch irgend eine
Form von Behinderung, durch Krankheit oder aber
auch durch das Leben vorher in einem anderen Le-
benskreis.

Die Gesetze in unserer Gesellschaft sagen nun, dass
diesen Menschen Hilfe gewährt werden *muss*, wenn
der Eigenanteil nicht ausreicht selbstständig in dieser Gesellschaft zurecht zu kommen. Jeder auf seine
Weise. Einige Hilfen sind nur temporär, wie die zum
Beispiel bei einer Krankheit oder dem Einbürgern von
Menschen, die unsere Sprache nicht kennen und/oder
denen unsere Kultur und Lebensgewohnheiten fremd
sind. Besonderes aber im Bereich von Menschen mit
einer Behinderung werden diese *dauerhaft* benötigt.

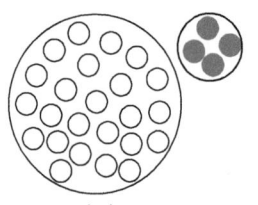 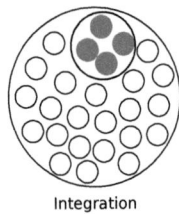 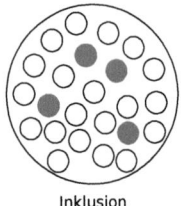

Exclusion   Integration   Inklusion

1: Gesellschaftsbilder

Exklusion

Wie sieht unsere Gesellschaft aus?

In der Realität herrscht die Exklusion. Alle, die anders sind, werden von der Gesellschaft ausgeschlossen. Einige in der Gemeinschaft fühlen sich sogar überlegen und werten die außerhalb einfach ab.

Aussagen wie – DIE WOLLEN EINFACH NICHT – sind hier beliebte Totschlagargumente.

Integration

Ein wichtiger Zwischenschritt begann vor etwa 40 Jahren mit der *Integration*. Man nahm jene, die nicht in das Gesellschaftsbild passten zwar in die Gemeinschaft auf, aber es war immer noch eigene Gruppen. Dies existiert heute in großen Teilen zum Beispiel im Werkbereich für behinderte Menschen (neudeutsch: Zweiter Arbeitsmarkt), oder bei der Unterbringung in speziellen Schulen.

Das eigentliche Ziel – Die Inklusion

Wie wäre es, wenn sich *jeder* in der Gemeinschaft befindet? Das wäre eine Idealvorstellung, die aber an den Einstellungen weniger in der Gesellschaft scheitert. Leider sind gerade diese wenigen dominant. Man sollte sich vor Augen führen:

Es gibt nicht den idealen Menschen!

Selbst diejenigen, die am liebsten alle, die nicht in ihr Weltbild passen aus der Gesellschaft wollen, haben ihre Form der Behinderung – den Narzissmus!

Höher schneller weiter

Ein weiteres Problem ist heutzutage die Vorstellung des *höher, schneller, weiter*. Wir erwarten von allen die maximale Leistung und wollen den höchsten Luxus. Das funktioniert aber nicht ohne Lasten.

Schwächere, die den Druck nicht standhalten können, oder aber auch jene, die weit genug von uns entfernt sind: wir leben auf ihren Kosten. Und nicht zuletzt unsere (globale) **Umwelt**, an der wir die ganze Zeit Raubbau treiben.

Eine echte Inklusion kann nur stattfinden, wenn wir **Alle** mehr als nur einen Zahn herunter drehen. Die Gewinnmaximierung ist der Tod allen inklusiven Lebens. Wenn jeder genau das machen kann, wozu er in der Lage ist und nicht auf irgend eine Weise herabgesetzt wird, und wir nur das bewerkstelligen, was wir eigentlich in unserem Leben brauchen, wird unsere Welt sehr viel freundlicher sein.

Verantwortung

Das zweite ist, dass sehr gerne vergessen wird, dass Macht immer mit Verantwortung gegenüber anderen und den ersten Einsatz bei Gefahr bedeutet. Wenn man unserer derzeitige Gesellschaft sieht, sind aber zum Beispiel die Führungskräfte in einem Unternehmen als erstes aus der Schusslinie, wenn es um Rettung geht. Gerne wird dann auch die Verantwortung an die Gesellschaft abgegeben. Sozial ist nur das, was mir nützt.

Ein kurzer Abriss der Geschichte

Der Autismus ist keine neuzeitliche Erscheinung. Sie existiert zumindest schon seit dem ersten sozialen Leben und neuere Erkenntnisse scheinen zu zeigen, dass auch Tiere diese Eigenschaften haben können.

Allerdings wurden erst mit der Anerkennung von psychosomatischen Erkrankungen unter anderen durch *Sigmund Freud* Ende des neunzehnten Jahrhunderts einige Verhaltensauffälligkeiten näher untersucht.

2: Zeitachse

Egon Bleuler war der Erste, der im Rahmen seiner Studien der Schizophrenie 1911 den Begriff Autismus prägte. Mitte letzten Jahrhunderts veröffentlichten dann *Leo Kanner* über den frühkindlichen Autismus (Amerika, 1943) und *Hans Asperger* (Deutschland, 1944) die später nach ihm benannte Form. Aufgrund der NS Zeit und der Tatsache, dass Hans Asperger in Deutsch veröffentlicht hatte, sind seine Studien erst in den 80er Jahren des letzten Jahrhunderts bekannt geworden. 1981 veröffentlichte *Lorna Wing* ihre Studien aufgrund der Arbeiten von Hans Asperger und bezeichnete diese Form als Asperger Autismus. Die Erkenntnisse fanden viel Zuspruch im angloamerikanischen Raum und wurden dann Anfang der neunziger

18

Jahre des zwanzigsten Jahrtausends auch in Deutschland bekannt. Die Diagnose dieser Form des Autismus bei Menschen im Erwachsenenalter wurde aber erst zehn Jahre später hier genauer untersucht.

Die in den letzten Jahren aufgekommene Diskussion über das Verhalten Hans Asperger in der nationalsozialistischen Zeit (Er schützte hauptsächlich die männlichen Kinder) und der Tatsache, dass die Bandbreite doch sehr weit zu fassen ist, spricht man heute nur noch von der *Autismus-Spektrum-Störung*.

Heute schätzt man mit etwa ein Prozent der Bevölkerung zum autistischen Spektrum.

Wir – Menschen im autistischen Spektrum

Erst einmal:

Wir sind Menschen wie du und du.

Gut, wir fühlen uns auf dem falschen Planeten, wie es Daniela Schreiter aka Fuchskind in ihren Comics gezeichnet hat.

Irgendwie scheinen wir doch anders als andere zu sein. Was macht es uns denn so anders? Jeder Mensch hat doch seine Eigenheiten. Und im autistischen Spektrum findet man die ganze Bandbreite der sogenannten Intelligenz. Vom Menschen mit zusätzlichen kognitiven Einschränkungen, der jegliche Hilfe benötigt, bis hin zu Akademikern, sogar mit mehreren echten Doktorabschlüssen.

Das zeigt also, dass es *den Autisten* gar nicht gibt. Christine Preißmann, eine Ärztin und selbst im autistischen Spektrum, sagte einmal:

> *Wenn du einen Autisten kennst,*
> *dann kennst du genau einen!*

Was macht uns dann so anders?

Das Problem liegt darin, dass unsere hauptsächlichen Probleme in der sozialen Interaktion liegen.

Dadurch, dass wir Schwierigkeiten haben die *eigentliche* Bedeutung einer Aussage zu erkennen, interpretieren wir vieles falsch.

Sind dazu noch die Reize in der Umgebung sehr hoch, ist es für uns so gut wie unmöglich *überhaupt* etwas zu verstehen.

Was ist eigentlich Autismus?

Autismus ist eine tiefgreifende Entwicklungsstörung. Das heißt, sie beginnt schon vor der Geburt und kann nach derzeitigem Stand nicht von außen provoziert worden sein. Auch Studien über Autismus und Impfungen oder schlechte Erziehung sind widerlegt worden.

Hat man bis vor ein paar Jahren noch von Kanner-Syndrom beziehungsweise Asperger-Syndrom gesprochen, so spricht man heutzutage (nach ICD-11, Stand 2018) von Autismus-Spektrum-Störung (ASS)[1].

Autisten haben große Probleme in der sozialen Interaktion. Unsere Unfähigkeit nonverbale Signale zu deuten, führt oft in die Isolation.

Heutzutage ist man in der Lage diese Form frühzeitig zu erkennen. Die ersten, die die Diagnose „Asperger-Syndrom" in Deutschland als Kind bekommen haben, müssten heute (Stand 2021) etwa 25 Jahre alt sein. Die Entwicklung der Förderung und das Erkennen für den Nachteilsausgleich entwickelt sich immer weiter voran, so dass Menschen im im autistischen Spektrum bald keine Probleme haben sollten.

Wirklich? Zum einen vergisst man heute gerne die Gruppe der Menschen mit Autismus, welche erst im sehr späten Alter (so ab etwa 35 Jahren) ihre Diagnose bekommen haben, weil sie den Druck der Gesellschaft nicht mehr standhalten konnten. Diese Personengruppe hat in ihrer Vergangenheit als Kind,

---

[1] engl.: Autistic Spectrum Disorder, ASD

Schüler|in oder (junger) Erwachsener schwerste Zeiten erlebt und sich ihren Werkzeugkasten selbst zusammengebaut. Das Problem hier ist allerdings, dass diese selbst entwickelten Methoden nicht unbedingt immer hilfreich sind, manchmal sogar zum Gegenteil führen.

Zudem muss man bedenken: Asperger Autismus (der von vielen Fachleuten immer noch als „leichte" Form des Autismus angesehen wird, weil diese Personengruppe keine oder nur leichte kognitive Einschränkungen hat) ist bei Erwachsenen in Deutschland als Diagnose erst Anfang des einundzwanzigsten Jahrhunderts richtig anerkannt worden.

Die Diagnose stellt sich dann dabei oft zusammen mit komorbiden psychosomatischen Erkrankung wie Depression, Borderline oder AD(H)S heraus.

Es ist schwer, diese Komorbiditäten zusammen zu erkennen und zu behandeln. Die klassischen Methoden der Psychotherapie sind hier nur eingeschränkt möglich und können je nach Fall auch kontraproduktiv sein.

Autismus ist eine Behinderung. Das bedeutet, es existieren Defizite, aber auch besondere Eigenschaften, die nicht einfach durch ein Umlernen behoben werden können. Auch eine Untersuchung der Vergangenheit kann höchstens den Sinn haben, die Voraussetzung zu schaffen geeignete Werkzeuge für den Alltag zu entwickeln.

Ein wichtiger Aspekt nach der Diagnose sind deswegen neben der Psychotherapie spezielle Formen der Ergotherapie, welche jede Situation in der Außenwelt für den Autisten zusammen mit ihm analysiert und geeignete Werkzeuge konstruiert.

Auch ist es für einen Menschen im autistischen Spektrum gut einen Kollegen oder guten Freund zu haben, der die Eigenschaften der betroffenen Menschen kennt und quasi als Übersetzer funktioniert.

Leider hat unsere Gesellschaft immer noch sehr stereotype Vorstellungen, wie ein Autist aussieht. Ziel sollte es möglichst in der Gegenwart, zumindest aber in der nahen Zukunft sein, diese doch sehr starren Vorstellungen zu hinterfragen und durch das Realbild eventuelle Ängste und Vorbehalte wegzunehmen.

Wie sieht die Gesellschaft uns?

Momentan scheint Autismus ein beliebtes Thema in den Medien zu sein. Kaum ein Film oder Serie, in der nicht ein Autist vorkommt.

Das ist zum einen gut um die Besonderheit des autistischen Spektrums der Gesellschaft nahe zu bringen. Leider ist es aber zu beobachten, dass hauptsächlich nur spezielle Typen dargestellt werden.

Das ist etwa so, als ob ein Vegetarier immer ein voll bärtiger Mann in Latzhosen strickend mit Norwegerpullover und gehäkelter Mütze ist.

Fragt man nun in der Gesellschaft nach, so kommen immer wieder *Rain Man* aus dem gleichnamigen Film, *Sheldon Cooper* aus der Serie Big Bang Theory, *Albert Einstein* oder etwa *Sherlock Holmes* zum Vorschein, neuerdings auch Frauen wie zum Beispiel *Ella Schön* aus der gleichnamigen Filmserie des ZDF. Also Menschen (interessanterweise hauptsächlich männlich) mit Hochbegabungen im MINT [2] Bereich, die auf einen Blick alle Erbsen auf dem Teller zählen können[3]. Zudem ordnen Menschen im Autismus Spektrum alles genau und treten jedem auf die Füße.

Wie ich immer wieder betonen muss, es gibt es nicht *den* einen Autisten. Interessen und Fähigkeiten

---

[2]Mathematik Informatik Naturwissenschaft Technik

[3]Dieses wird als Savant bezeichnet und ist unabhängig vom autistischen Spektrum. Allerdings findet man diese Eigenschaft häufiger bei Autisten als im nicht autistischen Spektrum

sind so unterschiedlich gefächert wie bei Menschen die sich nicht in diesem Spektrum finden.

Wer nun zum Beispiel aber sich als Arbeitgeber die Mühe macht, seine Mitarbeiter gemäß seinen Eigenschaften einzusetzen, wird viele Vorteile daraus ziehen, zum einen, weil wir im autistischen Spektrum meist in unserem Gebiet Meister sind, zum anderen, weil zufriedene Mitarbeiter einfach mehr Leistung zeigen.

Wie Autisten sich sehen

Sehr gut beschrieben hat dies die Zeichnerin Daniela Schreiter alias Fuchskind, die sich selbst im autistischem Spektrum befindet, in ihrer Comicserie Schattenspringer.

Für einen Autisten ist es, wie auf einem anderen Planeten zu sein. Irgendwie ist man hierhin gekommen und kommt nicht weg.

Man empfängt Aussagen vom Gegenüber und versteht sie nicht, weil die Worte etwas anderes mitteilen als eigentlich gemeint ist. Als Autist mag man vielleicht die dazugehörigen Mimik sehen, der Zusammenhang mit den Worten wird allerdings nicht verstanden.

Ist die Situation dann geklärt, wird diese abgespeichert. Nun gibt es aber *sehr* viele Konstellationen, die wir in unsere Mimik verwenden.

Nehmen wir mal an, wir hätten nur jeweils drei Varianten für die Mimik von unseren Augen und Mund. Das sind allein schon neun Möglichkeiten. Und unser Gesicht allein hat einiges mehr an Variationsmöglichkeiten.

So tappt ein Mensch im autistischem Spektrum in nahezu jedes Fettnäpfchen. Jede Aussage, besonders bei Umschreibungen und Phrasen, muss er mühsam lernen.

Last oder Nutzen?

Auf den ersten Blick sieht es so aus, dass wir im autistischen Spektrum eher eine Last als ein Nutzen sind. Aber wie bei allen Dingen sollte man die Sache von allen Seiten betrachten.

Denn: Wer nur die negativen Seiten sieht, wird nie brauchbare Mitarbeiter bekommen.

Was kann man also tun?

Detailverliebtheit zum Beispiel ist gerade in der heutigen Zeit ein wichtiges Gut. Viel zu schnell wird etwas neu Erdachtes auf den Markt gebracht um einen Vorteil vor dem Mitbewerber zu haben. Menschen im autistischen Spektrum betrachten die Dinge mit eigenen Augen. Für uns sind gerade die Aspekte interessant, die die „normale Welt" als unwichtigen Fehler sieht (Pareto). Und gerade das kann dann einen Wettbewerbsvorteil bringen.

Nehmen wir mal an, eine Steuerung ist programmiert und funktioniert eine Zeit lang, bis die ersten Fehler auftauchen. Ein Mensch mit Autismus versetzt sich in die Programmierung und wird mit hoher Wahrscheinlichkeit Erfolg haben, eben weil er anders an die Problematik herangeht. Das Problem liegt eher dann darin, dass gesunde Maß zu finden, dass das Problem gelöst ist. Denn hundert Prozent kann nie erreicht werden. Und das vergessen wir Autisten oft.

Es liegt an der Sichtweise und Verhalten des Vorgesetzten, ob ein Mitarbeiter gut ist oder nicht.

Merkmale

Wie schon mehrmals beschrieben, ist jeder Mensch anders. Auch wir im autistischen Spektrum. Dennoch existieren einige Kriterien, die bei uns häufiger vorkommen.

Gesichtsblindheit

Im Gegensatz zu den den NTs sind wir im autistischen Spektrum zumeist nicht in der Lage, *unbewusst* und *automatisch* die Emotionen des Gegenübers, beziehungsweise ihr Interesse zu erkennen und, viel wichtiger, zu deuten. (zumindest glauben Menschen außerhalb des Spektrums, dass sie das können). Autisten nehmen die Umwelt aus diesem Grund bewusster wahr und suchen nach den Details, die ihnen helfen könnten.

Die Schwierigkeiten, die wir haben, sind oft rein praktischer Natur. Viele von uns sind *Gesichtsblind*, lateinisch Prosopagnosie, und kann sich auch darin äußern kann, dass man auch vertraute Gesichter nicht mehr erkennt.

Eine neue Brille, eine andere Frisur, oder auch nur eine Veränderung der Gesichtsfarbe, z.B. nach einem

Urlaub, und schon treten Schwierigkeiten auf.

Entscheidend aber ist das Minenspiel unserer Gegenüber. Wir können Mimik und die Gestik zwar erkennen, aber nicht deuten. Aus dem Grund suchen wir uns Alternativen, die ich hier später zum Teil beschreibe.

Mit unseren Erfahrungen deuten wir dann das, was wir glauben was unsere Umwelt empfindet. Leider funktioniert das nicht immer. Je mehr Erfahrungen wir sammeln (mussten), um so besser können wir uns zwar auf die Umwelt einstellen, dennoch passiert es oft, dass die Sachlage falsch interpretiert wird.

Filtern der Informationen, bzw. Eindrücke

Ein weiteres signifikantes Problem vieler von uns ist die Unfähigkeit, sensorischen Input zu filtern oder sogar auszublenden. Dabei ist es gleich, ob diese Eindrücke thermisch, akustisch, visuell haptisch oder sonst wie sind. Es führt einfach dazu, dass wir schnell zu einem *Overload* gelangen. Es wird einfach zu viel für uns. Viele Kinder reagieren oft darauf mit Aggression, Erwachsene ziehen sich eher zurück.

Um das zu vermeiden, versuchen wir uns die Umgebung möglichst reizarm zu halten. Dazu nutzen wir dann gerne technische Hilfsmittel wie *Sonnenbrille, Ohrstöpsel,* oder *Musik,* die uns die Umgebung ausblendet.

Overload

Die schlimmste Situation für einen Menschen im autistischen Spektrum ist der so genannte *Overload* und dann als Folge der *Meltdown.* Kommen mehr Informationen als verarbeitet werden können, dann wehrt sich der Körper. Diese Reizüberflutung kann verschiedenste Ursachen haben:

- zu schnell einprasselnde Informationen oder Eindrücke

- zu viele sensorische Eindrücke (hören, fühlen, sehen, riechen)

- zu viel gesammelte Informationen und Eindrücke

Akribie

Eine Eigenschaft, die bei vielen Autisten zu finden ist, ist die Unfähigkeit, bei einer Aufgabe an ein Ende zu kommen. Es gibt immer noch das letzte Quäntchen, was bearbeitet werden muss.

3: Lösungsansatz

Auch wenn fast allen von uns bewusst ist. dass niemals hundert Prozent, geschweige denn mehr erreicht werden kann, versuchen wir doch oft alles bis ins kleinste Detail zu erledigen. Oft liegt es daran, dass eine Aufgabe für uns zu unklar dargestellt wird.

Ein gutes Beispiel wird am in dem Film *Adam - eine Geschichte über zwei Fremde* am Anfang gezeigt: Adam, ein Asperger Autist, arbeitet in einer Spielzeugfirma. Er soll eine Puppe lebensechter gestalten. Als sein Chef nach dem Entwicklungsstand fragte, zeigte er eine Puppe, mit der man komplett kommunizieren konnte. Das war allerdings nicht im Sinne des Unternehmers. Er wollte eine Puppe in der Auflage von 5000 Stück für 5 Dollar verkaufen und nicht 5 Puppen für 5000 Dollar.

Nonverbale Kommunikation

Unsere ganze Kommunikation bezieht sich nicht nur auf gesprochene und geschriebene Worte, auch wenn wir im autistischen Spektrum das gerne hätten. Ein großer Anteil bezieht sich auf das Nonverbale.

Leider sind die Aspekte, die ich hier beschreibe, nur Indizien. Das heißt, ich habe zwar einige Erfahrungen gemacht, aber das muss nicht heißen, dass diese auch immer stimmen.

Ich habe schon mehrmals daneben gelegen, lerne aber bei jedem Mal immer was dazu.

Schau mir in die Augen, Kleines –
Was die Augen verraten

4: Casablanca

Die Augen sind ein wichtiges Merkmal, um zu erkennen, was das Gegenüber eigentlich meint. Allerdings ist es schwierig, da ein genaues Betrachten der Augen beim Gegenüber ein Unbehagen verursacht und somit die Einschätzung verfälscht. Ich will hier nicht auf Pupillengröße oder andere Feinheiten angehen, wie es doch in einigen Foren zu Thema nonverbale Kommunikation behandelt wird.

Die Bewegung

In einem normalen Gespräch sind die Augen relativ stabil und bewegen sich ein wenig. Die Bewegung ist auch normal, weil das Auge die Umgebung „scannt".

Ist aber bei einer Aussage ein hohes Maß an Bewegung zu erkennen und ist sogar der ganze Kopf daran beteiligt, lässt es sich vermuten, dass das Gegenüber seiner Aussagen unsicher ist oder sogar lügt.

Aber es muss gesagt werden, dass die Augenbewegungen keine eindeutigen Rückschlüsse zulassen. Sie können lediglich als Teil der gesamten Kommunikation gesehen werden.

Wechsel in eine andere Richtung

Verändert sich die Blickrichtung, so ist das Interesse nicht mehr bei dem Gespräch. Im einfachsten Fall ist das aber nur die Ablenkung zu einer anderen Person oder Sache. Unsere Augen nehmen sehr viel mit, um, wie schon mal gesagt, vor dem Säbelzahntiger gewappnet zu sein.

Aber auch, wenn das Interesse in Form eine näheren Beziehung geht, verändert sich oft die Blickrichtung. Das geht allerdings in eine Form von Balzverhalten, die ich selber nicht so ganz verstehe....

Ja, wir Menschen (auch wir Aspies) sind doch sehr visuelle Wesen. Auf jeden Fall ist im Normalfall das Interesse nicht mehr bei dem eigentlichen Thema. Was dagegen hilft? – Nichts. Eventuell kann man mit einem kurzen

```
„Hallo - Erde an..."
```

das Gegenüber wieder zurückholen.

Was die Hände aussagen

In der nonverbalen Kommunikation sind alle Körperteile mit von der Partie. Das Gute ist, einige Verhaltensweisen kann man nicht steuern, wie es zum Beispiel bei den Händen oft der Fall ist.

Handflächen

Die Hände sind ein entscheidende Merkmal. Zeigt das Gegenüber die Handinnenseiten und sind die Hände sogar nach außen gerichtet, so deutet das auf ein offenes Gespräch. Sind sie nach innen zueinander gerichtet, so werden Informationen erwartet.

Zeigen sich die Handrücken, so ist dies eher als Abwehrhaltung zu sehen. Ganz besonders, wenn die Hände starr auf dem Bauch bis hin zum oberen Schritt gelegt sind. Sind die Hände in Schritthöhe, so kann das auf eine gewisse Angst vor den anderen Gesprächsteilnehmern deuten.

Sind die Hände jedoch hinten auf den Rücken, so zeigt das eine Selbstsicherheit. Man präsentiert sich ja so.

Bewegung der Hände

Auch die Bewegungen sind nicht unwesentlich. Eine leichte Bewegung der Hände und Arme, die das Gespräch zudem noch unterstreichen, zeigen zum einen ein Interesse am Gespräch, zum anderen kann man aber erkennen, dass das Gegenüber eine gewisse Erfahrung in der Rhetorik hat, man also etwas mehr aufpassen muss, um nicht in irgendeiner Weise in eine Falle zu geraten.

Problematisch wird es dann, wenn die Bewegungen immer schneller und unruhiger werden. Dieses verursacht eine gewisse Unruhe, was bei einem in der Rhetorik geschulten Menschen manchmal durchaus erwünscht sein kann....

Wickie – oder das Reiben an der Nase

Das Reiben an der Nase ist ein Indiz dafür, dass das Gegenüber über eine Aussage nachdenkt. Mit dem Verhalten will man etwas Zeit gewinnen. In einer Diskussion kann dieses Zeichen zu einer Wende in der derzeitigen Lage führen.

5: Finger unter der Nase

Verschränken der Arme

Das Verschränken der Arme ist nicht so leicht zu deuten. Im Allgemeinen zeigt diese Reaktion eine Abwehrhaltung und Wunsch nach Distanz.

6: Verschränken der Arme

Aber so einfach ist es dann doch nicht. Oft ist es nur die Bequemlichkeit oder man weiß einfach nicht wohin mit den Armen. Aus diesem Grund ist das Verschränken der Arme **alleine** kein aussagekräftiges Merkmal. Ist zum Beispiel die Schulter zugewandt, dann ist die Schulter im Vordergrund und sollte eher betrachtet werden als die Arme.

Brust raus –
Was der Oberkörper sagt

Gerade unser Oberkörper kann viel Nonverbales aussagen. Zusammen mit den Armen und den Händen sind einige Rückschlüsse zu ziehen, wie das Gegenüber reagieren könnte.

Könnte! Das ist wichtig. Es muss immer wieder betont werden, dass alle Anzeichen nur eine gewisse Deutung davon sind, wie die Wahrheit aussieht.

Fangen wir mal mit dem Hals an: Ist zum Beispiel der Kopf nach oben und der Hals gestreckt, so zeigt das eine gewisse Selbstsicherheit, bis hin zum Hochmut.

Dann die Schulter: Nach vorne gebeugt und die Kehle präsentiert, ist das ein Zeichen solch großer Selbstsicherheit, das der Glauben vermittelt werden soll, man sei so gut, dass sogar eines der empfindlichsten Körperteile, die Kehle, präsentiert werden kann. Ich selber habe diese Form allerdings in meinem Leben erst zweimal erlebt.

Die Schulter selbst: Je nach dem, wie die Schulter gezeigt wird, sind doch einige Informationen zu entnehmen.

Sind diese im Verhältnis zur Brust nach vorne, so zeigt das eine große Unsicherheit, je weiter sie nach hinten gehen, umso selbstsicherer will man erscheinen. Bis hin zum Alphamännchen (oder ∿ Weibchen...)

Gehen die Schultern nach oben, so zeigt es, dass das gegenüber zum Thema kein direktes Wissen hat oder aber nicht mehr weiter weiß.

Sind sie nach unten, so deutet dies eher auf eine Lustlosigkeit hin. Allerdings lassen depressive Menschen sehr oft die Schulten hängen.

Bei der nächsten Auffälligkeit sollte man wissen, mit welcher Seite das Gegenüber hauptsächlich agiert. **Ist die aktive Seite höher** als die andere, so kann von einem bevorstehenden Angriff ausgegangen werden, insbesondere dann, wenn sich die Schulter zudem noch nach hinten dreht.

Ist die Schulter aber gleich und geht *langsam* nach vorne, so kann das ein Zeichen sein, sich gütlich zu einigen oder es ist mit einem Zuvorkommen ist zu rechnen.

Auf die Füße kommt es an

Ein sehr großes Problem bei uns Aspies ist, dass wir die Emotionen unserer Gegenüber nicht oder nur sehr schlecht deuten können. Wir erkennen zwar die Gesten und Mimik, wissen aber oft nichts damit anzufangen. Besonders, wenn unser erlerntes Wissen sich nicht mit der tatsächlichen Situation deckt. Auch überspielen viele NTs was sie wirklich empfinden.

Da sind wir also in einer Gruppe, versuchen Smalltalk und sind doch unsicher, ob das was wir sagen für die anderen von Interesse ist. Darum bleiben wir oft lieber still.

Die Natur hat allerdings alle Menschen mit einer Eigenschaft gleichermaßen beschert: Der Mensch ist im Grunde genommen ein Fluchttier. Um schnell reagieren zu können, ist unser Bewegungsapparat zum Teil von unserem kognitiven Denken abgekoppelt. So konnten wir bei Gefahr schneller die Flucht ergreifen.

Nur, was hat das mit heute zu tun?

Dadurch, dass wir Beine , aber auch unsere Arme teilweise nicht steuern können, haben wir eine Möglichkeit, das Verhalten des Gegenübers besser zu interpretieren.

Sind wir stehend im Gespräch mit jemanden, so können uns die Füße doch sehr viel sagen. Fangen wir bei einem interessierten Gegenüber an. Die Fußstellung ist so, dass die Füße offen zum Redner stehen. Das Gewicht ist gleichmäßig über beide Füße verteilt und der Abstand entspricht der Hüftbreite. Allgemein gilt, dass je breiter der Fußabstand im Verhältnis zur Hüfte ist, umso selbstsicherer ist das Gegenüber, bis hin zum dominanten Verhalten. Der Abstand zum Redner verändert sich nicht und bleibt (in unseren Graden) bei etwa 1,5 Meter.

Sobald aber schon die Gewichtsverlagerung in Richtung Ferse geht, ist erkennbar, dass das Interesse schwindet. Eindeutiger wird es, wenn sich die Füße wegbewegen. Hier braucht man nicht einmal direkt auf die Füße zu achten. Bei einem Fluchtverhalten bewegt sich der *ganze* Körper. Also von den Füßen bis hin zu den Haaren.

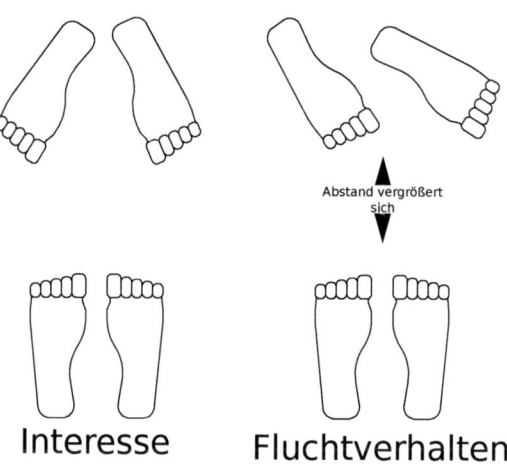

7: Fußstellungen

Abstand

Wie oben schon angegeben, liegt der durchschnittliche Abstand in unseren, mitteleuropäischen Breiten und normal fremden Menschen bei etwa 1,5 Meter. Je intimer die Beziehung, desto geringer wird der Abstand und umgekehrt. In der jetzigen Zeit Pandemie (2021) hat sich der Abstand aus gesundheitlichen Gründen etwas vergrößert. Es gilt:

Wie groß ist der Abstand, bei dem ich mich selber wohl fühle.

Hält das Gegenüber einen geringeren Abstand ein, so vergrößert man selber diesen wieder. In einer friedfertigen Absicht wird dieser Abstand dann eingehalten. Wird aber immer wieder nachgerückt oder sogar noch verkleinert, wird das als aggressives Verhalten gedeutet. Es gilt immer der größere Mindestabstand.

Warum so etwas getan wird, kann mehrere Gründe haben. Im besten (schönsten?) Fall hat das Gegenüber ein hohes Interesse an denjenigen und den Wunsch nach mehr Intimität. Da gilt es selber abzuschätzen. Möchte man erwidern oder nicht? Im letzteren Fall gilt es freundlich aber bestimmt die Grenzen direkt anzuzeigen. Auch ein NT weiß oft nicht was der oder die Andere will.

Manche Menschen verhalten sich distanzlos, das heißt, sie folgen ihrem Bedürfnis nach mehr Nähe, ohne die Abwehr eines zurückhaltenden Gegenübers anzuerkennen. Oftmals sind diese Menschen auch laut, gefühlsbetont und reden viel. Für Aspies sind sie eine echte Herausforderung.

Im schlimmsten Fall ist es ein tatsächlicher Angriff. Der Beinabstand ist größer als die Hüftbreite und beide Beine sind fest auf dem Boden. Oft sind auch die Knie leicht gewinkelt oder die Hände auf die Hüften gestemmt. Auch die Aussprache klingt dann härter und bestimmter.

Bei einem solchen Verhalten ist es besser das Gespräch höflich zu beenden und sich von der Person zu entfernen. Ein Gespräch auf Augenhöhe ist in dem Fall nicht möglich.

Wichtig ist bei allem dem, dass man sich selber als wertvoll sieht. Niemand ist gezwungen, mit anderen zu kommunizieren.

Balzverhalten

Ein sehr interessanter Aspekt ist das Hervorheben eigener Eigenschaften im Sinne von Aufbau einer Beziehung. Dabei gehen nach meinen Erfahrungen Männer und Frauen unterschiedlich vor (Ich denke aus unserer Vorzeit bedingt und auch nur in unseren Breiten):

Männer

zeigen unbewusst, dass sie stark und verantwortungsvoll sind und präsentieren sich selbstsicher. Die Brust raus, die Schultern nach hinten. Und so, dass möglichst optimal die Muskeln positiv erscheinen. Fehlt nur noch, dass auf die Brust geschlagen wird, wie bei den Alphamännchen unserer nächsten Verwandten.

Frauen

hingegen versuchen es eher dadurch, dass sie ihren Hals oder Dekolletee präsentieren. Sie streichen ihre Haare nach hinten weg und drehen sich zu ihrer optimalen Seite. Brust und Hüfte werden dezent, aber bestimmt zur Schau gestellt. Ist das Interesse eingefangen, dann werden diese Stellen wieder bedeckt, bis das Interesse verlischt. Und das ein paar Mal hintereinander.

Organisation

Die TO-DO-Liste

Jeder kennt es: Man beginnt den Tag, will seine Aufgaben machen und sieht den Wald vor Bäumen nicht. Dann noch die „kleinen mal eben Aufträge".

Und schon hat man sich verzettelt.

Auch hier ist Geschriebenes gut. Einfach mal die Aufgaben in einer Liste aufschreiben. Ist eine Aufgabe erledigt – dann wegstreichen. Das kennt jeder.

Kommen aber immer wieder neue Aufgaben, ohne dass Liste merklich kleiner wird, fangen die Probleme wirklich an. Denn auch wenn die Aufgaben weggestrichen werden, sie sind immer noch sichtbar und im Gesamteindruck werden die Aufgaben immer unlösbarer.

Besser, man legt sich in seinem Tagesplan die ersten fünf bis zehn Minuten fest um die TO-DO-Liste zu aktualisieren. Das bedeutet, sich alle noch nicht erledigten Aufgaben anzuschauen und auf einen neuen Zettel zu schreiben. Schon wird die Liste merklich kleiner und das Gefühl, keine Aufgaben erledigen zu können verschwindet.

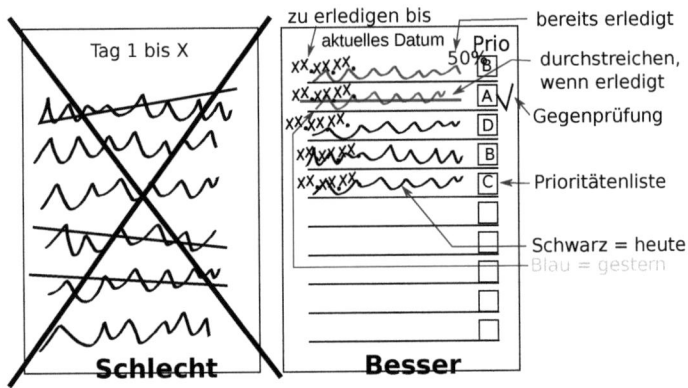

8: TO-DO-Liste

Bei der Darstellung oben kann man eine vernünftige Liste sehen. Wichtig dabei ist, dass man jeden Tag eine neue Liste erstellt. Alles was erledigt ist, wird durchgestrichen und nur **einmal** überprüft, zur eigenen Sicherheit. Um von alten (vorherigen) Aufgaben zu neuen unterscheiden zu können, verwendet man am besten zwei unterschiedliche Farben.

50

Die Abfolge der Prioritäten ist wichtig.

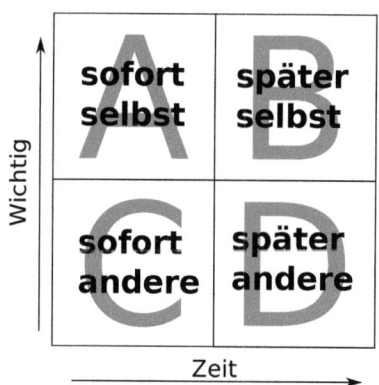

9: Prioritäten

Vor allem wichtig ist, dass man sich die Zeit nimmt, sich seinen Tagesablauf zu organisieren. Wenn man nach einiger Zeit firm in diesen Punkten ist, dann werden in der Regel nur etwa 10 Minuten benötigt. Und was sind 10 Minuten zu acht Stunden in denen man sich ständig verzettelt.

Pareto Prinzip

Wir alle kennen das: Wir wollen/sollen eine Aufgabe erledigen und werden einfach nicht fertig. Warum? Da gibt es immer noch den letzten Rest, der das Gefühl gibt, dass die Aufgabe noch nicht erledigt ist. Gerade wir als Autisten haben die Tendenz, für **alles** ein hundertprozentiges oder sogar noch ein genaueres Ergebnis zu bekommen.

Das Problem dabei ist, das

- die Aufgabe niemals fertig wird,

- wir uns in der darin verzetteln und dadurch weitaus mehr machen, als eigentlich verlangt wird.

In unzählig vielen Studien (deswegen werden diese nicht aufgezählt) hat man herausgefunden, dass eine Aufgabe im Durchschnitt zu *80%* in *20%* der Zeit erledigt wird.

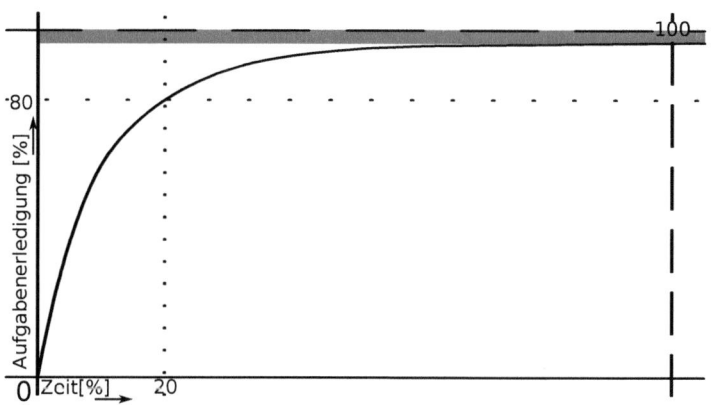

10: Pareto Prinzip

Dieses Prinzip wird $^{80}/_{20}$ *Regel* oder auch *Pareto Prinzip* genannt. An der Grafik erkennt man zudem, dass es unmöglich ist, die hundert Prozent überhaupt zu erreichen, geschweige denn mehr. Die Mathematiker und Wahrscheinlichkeitsliebhaber unter uns sehen zudem noch, dass der **signifikante** Wendepunkt im Bereich des *goldenen Schnittes* liegt (Pi x Daumen etwa $^2/_3$ der Bewältigung und $^1/_3$ der Zeit).

Was also tun?

Zum einen wird kein realistischer Auftraggeber ein einhundert (oder mehr) prozentiges Ergebnis verlangen. Egal, was auf der Welt geschieht, es ist ein Fehler dabei, oder anders ausgedrückt, der Wirkungsgrad ist **immer** kleiner als 100% (Für die Experten unter uns: eine Erweiterung des Entropiesatzes).

Zum anderen reichen die 80% in den weitaus meisten Fällen durchaus aus. Aspekte, genauer zu werden, sollten eher im Bereich der Sicherheit, allgemeiner Funktionalität und Ressourcen denn in der reinen Wirtschaftlichkeit liegen.

S M A R T

Ein schönes Wort, nicht?

Dabei gibt es die Regeln an, die nicht nur im wissenschaftlichen Sinne dafür sorgen, dass eine Aufgabe von allen als gelöst angesehen werden kann:

S **pezifisch** Das heißt, auf die Aufgabenstellung kommt es an. Denn eine Aufgabe, die allzu schwammig formuliert wird, lässt viel Spielraum zu. Und damit viele Lösungsmöglichkeiten.

Eine Aufgabe soll so genau wie irgend möglich gestellt sein. Als Beispiel *Bau mir ein Haus*: Das kann ein Tiny-Haus, eine Baracke oder auch eine Villa sein. Was den nun? Besser: *Bau mir ein Haus*

- für vier Personen

- zweistöckig

- gemäß ENEV (Niedrigenergiehaus)

- ...

M essbar Auch hier sollte genau definiert werden. Begriffe wie *möglichst* oder *etwa* sind unbrauchbar. Was denn nun? Gerade wir Aspies brauchen feste Regeln, mit Werten, die auch verstanden werden.

A ansprechbar Alles, was gemacht wird, muss auch von den anderen, zumindest von der Zielgruppe angesprochen, das heißt verstanden werden.

R realisierbar Egal, was es ist, wenn es nicht zu Ende zu bringen ist, weil utopische Vorstellungen existieren, dann ist das Scheitern vorprogrammiert.

T eriminierbar Genauso wie bei der Realisierung muss es einen Punkt geben, an dem die Aufgabe/Arbeit/Projekt zumindest zu 80% zu Ende gebracht werden kann.

Aufgabenstellung

Der Teufel liegt wie so oft im Detail. Sie werden zu allgemein gehalten. Der Auftraggeber oder Vorgesetzte geht oft davon aus, dass alle wissen, was gewünscht wird.

Auch, wenn es dem Gegenüber nervt: Bei allen Unklarheiten vorher nachfragen und die Aufgabenstellung mit gewünschter Zeitvorstellung und Genauigkeit dokumentieren. Erkennt man eine Diskrepanz, dann gilt es diese konstruktiv zu diskutieren. Zum Thema Feedback, also wie kann ich meine Meinung/Standpunkte/Sorgen darlegen, ohne das Gegenüber zu verletzen, gibt es noch ein eigenes Kapitel.

+ Dieses ist mit der Genauigkeit in der Zeit nicht zu bewerkstelligen. Ich denke, hier reicht eine kleinere Genauigkeit aus. Das würde auch eine geringere Zeit beanspruchen.

+ Die Toleranz der Werte ist zu hoch, als dass ein Ergebnis mit der Genauigkeit **überhaupt** erreicht werden kann (Hier kann man gerne die Fehlerfortpflanzung (s.u.) angeben)

+ Der Allgemeinen Sicherheit, auch dem Kunden gegenüber, muss mehr Zeit in die Vorüberlegung investiert werden. Ein Rückruf wäre um einiges schlechter.

Priorisierung

Man kommt morgens zur Arbeit und sieht einen ganzen Stapel Aufgaben. Was also tun?

Das erste ist erst einmal die Kaffeemaschine anstellen, einer muss ja anfangen zu arbeiten...

Nun, auch wenn das durchaus wichtig ist, sollte man sich überlegen, wie man den Tag gestaltet. Hier ist eine Priorisierung von Vorteil. Wohlgemerkt, vorab überlegen, *was* zu tun ist, dauert maximal eine halbe Stunde. Aber die Struktur verhindert unnötigen Stress, der der Arbeit nicht gerade förderlich ist (Auch wenn das einige Arbeitgeber anders sehen). Ich gestalte den Tag meistens so:

1. Ankommen und Arbeitsplatz überschauen

2. Rechner an

3. Anrufbeantworter abhören, Aufgaben von dort notieren und in TO-DO-Liste einfügen

4. Post sortieren und Aufgaben in TO-DO-Liste einfügen

5. Priorisierung aufstellen

6. Aufgaben gemäß Liste abarbeiten

7. eine halbe Stunde vor Arbeitsende Aufgabenliste für nächsten Werktag neu erstellen.

8. sind noch zeitkritische Aufgaben vorhanden, diese noch erledigen. Sollte dies sich mehrmals wiederholen, dann Gesamtkonzept überprüfen.

9. Rechner aus, Arbeitsplatz organisiert, Abschluss

Wenn Abläufe komplizierter werden, dann entwerfe ich selber mir einen Ablaufplan wie unten einfach dargestellt. Bei sehr komplexen Aufgabenstellungen verwende ich die später noch beschriebene *Ereignis kontrollierte Prozessplanung*. Es ist normal, das Zwischenaufträge hereinkommen. Diese gilt es aber genau zu überprüfen:

? Muss die Aufgabe wirklich sofort erledigt werden?

? Ist die Aufgabe zeitkritisch?

? Oder ist es nur ein „mal eben" Auftrag?

Wichtige und Zeitkritische Aufgaben müssen sofort erledigt werden. Alles andere kann warten.

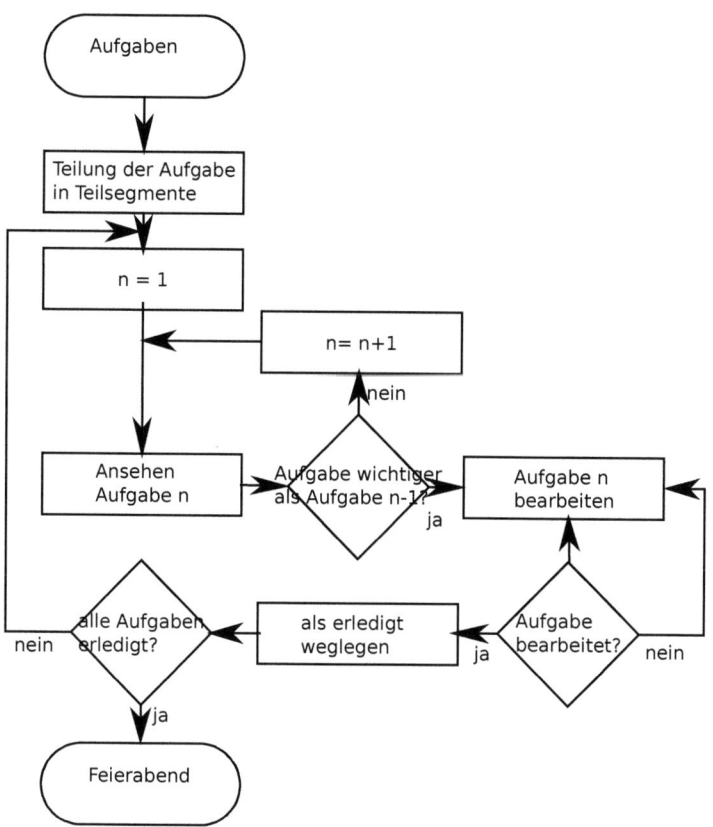

11: Priorisierung

Wege zur Lösung einer Aufgabe

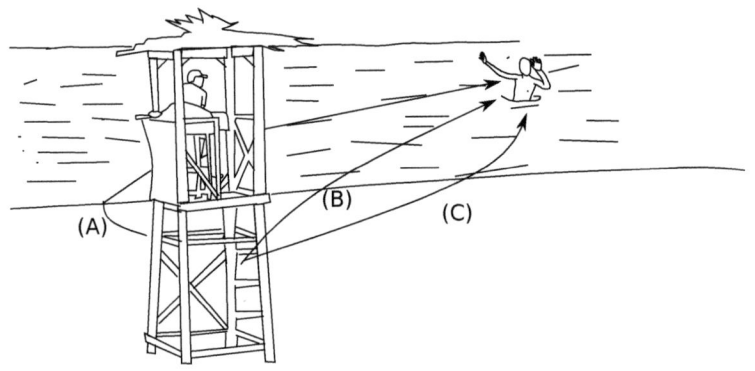

12: Seerettung

Es macht durchaus Sinn, sich bei der Lösung einer Aufgabe oder eines Problems sich vorher die beste Vorgehensweise zu überlegen, je nach dem, wie die Aufgabe gestellt ist, wie *Richard Feynman* immer wieder treffend in seinen Vorlesungen beschrieben hat. Er gab dabei gerne als Beispiel den Strandwächter an, der ein hübsches Mädchen in Seenot entdeckt. Nun gibt es verschiedene Wege, wie er die Person retten kann. Er weiß auch, dass er zu Wasser langsamer ist als zu Land. Weg

(A) ist dabei mit Umweg zu Land und langer Wasser-
strecke der denkbar ungünstigste. (B) ist zwar von der
Strecke her der kürzeste, hat aber einen längeren Was-
serweg. Der Weg (C) scheint hier die beste Alternative
zu sein. Zwar eine etwas längere Strecke, dabei aber
nur ein kurzer Weg über Wasser.

Der direkte Weg Der vermeintlich einfachste Weg
ist das direkte Angehen der Aufgabe. Das heißt, man
beginnt an einem Punkt Null und tastet sich immer
ein Schritt weiter.

In der Mathematik gilt:

1. Gesucht wird ein Punkt, an dem begonnen
   wird, genannt X_0

2. Der nächste Schritt X_1 wird untersucht

3. Wenn X_1 Wahr ist, suche X_n

4. Ist X_n Wahr und X_{n+1} Wahr, so ist alles
   Folgende wahr

Diese Methode führt im Allgemeinen zum Ziel und
wird auch am häufigsten im Alltag angewendet. Ob

sie aber auch effizient ist, sollte einzeln zu betrachtet werden.

Wichtig dabei ist es, die Schrittgröße zu betrachten. Ist sie zu groß, gibt es einen hohen Fehlerwahrscheinlichkeit, was zu Frustration führt.

Ist sie zu klein, dauert der Prozess ewig lange, die Frustration bleibt gleich.

Umwege Dreimal rechts herum ist schneller als zweimal links abbiegen (zumindest im nicht englischen Bereich).

Diese Aussage kennen die meisten Viel- und Transportfahrer.

Bevor man ewig versucht an einer Kreuzung nach links auf die Spur zu kommen (vielleicht gibt es ja eine Lücke oder ein netter Verkehrsteilnehmer lässt einen rein) ist es oft schneller den Umweg zu machen und dreimal rechts abzubiegen, um ans Ziel zu kommen.

> *Manchmal ist es durchaus sinnvoller, einen Umweg*
> *zu wagen um schneller ans Ziel zu kommen.*

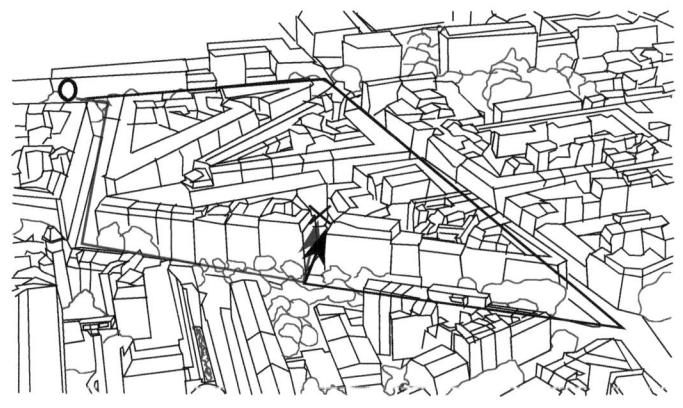

13: Umwege

Die höhere Dimension Was ist das wieder für ein Unsinn? **Nein**, der Unsinn ist, dass wir und immer auf die selbe Art versuchen, etwas zu lösen.

Friedrich Gauß, der schon als Kind für seine unüblichen Wege bekannt war, hat damit ein zu seiner Zeit herrschendes Problem gelöst. An der Stelle, wo man mit der klassischen Methode nicht weiterkam, hat er weiter gemacht! Er hat einfach angenommen, dass die Lösung zwar in dem Bereich nicht zu finden ist, aber wenn er einfach über das Problem „springt"und einfach weitermacht, so kann er an die Lösung kommen. Und siehe da, das Problem löste sich von selber auf.

Wir sind oft wie Ameisen, die nur ihren Weg kennen, obwohl wir eigentlich wissen müssten, dass wir ein Hindernis umgehen können in dem wir die nächste Dimension (in dem Fall dann die Breite) mit einsetzen.

Ein schönes Buch hierzu ist die Satire *Flatland*, die Edwin Abott Abott Ende des 19ten Jahrhunderts geschrieben hat.

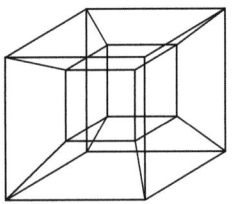

14: 4 Dimensionaler Würfel, (projiziert auf 2 Dimensionen)

Übrigens werde ich immer wieder gefragt, wie wir in der Physik solch höhere Dimensionen überhaupt verstehen können.

Ganz einfach: Wir können es auch nicht. Die Physik beschreibt lediglich Probleme und dazu basteln uns Modelle. Die Handwerk dafür liefern uns die gesammelten Erfahrungen und die Werkzeuge der Mathematik. Das Verstehen selber überlassen wir den Philosophen (und Schwurbler missbrauchen diese gerne).

Negativmethode Eigentlich ganz einfach:

Es klappt ja eh nicht – Warum dann herangehen?

Wie wäre es einmal, **gerade diese** Einstellung zu nehmen? Einfach vom Negativen ausgehen und dann sich wundern, dass das Ergebnis anders aussieht.

Dies ist auch eine gute Form, mit destruktiven Aussagen umzugehen. Man akzeptiert erst einmal die Aussage und sucht nach den passenden Belegen. Gerade Verschwörungstheoretiker merken dann, dass ihre Luft doch sehr dünn wird, wenn sie selber die Beweise liefern müssen, anstatt den Beweis bei dem anderen zu fordern.

Tunnelmethode Die Tunnelmethode ist ein probates Mittel, das ein alter Professor mal erklärt hatte. Hat man ein mögliches Ergebnis, warum dann nicht von **allen** Seiten an das Problem herangehen.

Ähnlich wie bei dem Tunnelbau am Ärmelkanal, „gräbt" man von beiden Seiten und findet sich dann in er Mitte. **Aber Vorsicht!** Es müssen von allen Seiten (man kann ja auch von mehreren Stellen angehen, siehe höhere Dimension) die gleichen Einheiten gelten, sonst passiert das, was beim Tunnelbau passiert ist...

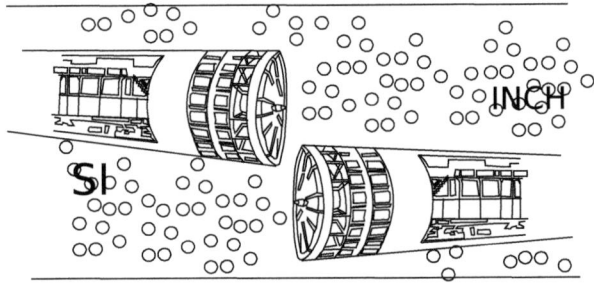

15: Tunnelbau wie er nicht sein sollte

Ereignisgesteuerte Prozesskette

Ist die Aufgabe gestellt, so macht es Sinn, sich die Aufgabe zu organisieren. Dazu gibt es viele Hilfewerkzeuge. Ein Werkzeug, was ich für durchaus brauchbar finde, ist die *Ereignis gesteuerte Prozesskette (EPK)*. Aber dies ist nur eine Möglichkeit. Mit einer guten Recherche kann man das herausfinden, was am besten für die jeweilige Situation ist und auch zu einem selber passt.

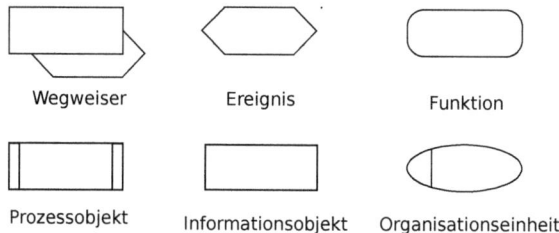

16: Einheiten EPK

Als Beispiele wären hier zum Beispiel

- Programmablaufplan oder

- Metaplan

zu nennen. Das Prinzip der EPK ist, dass immer nach-
einander eine Auftrag prüfen und die Erledigung des
Auftrages folgt. Da es durchaus mehrere Folgen geben
kann, werden diese mit den Bedingungen der klassischen Logik dargestellt.

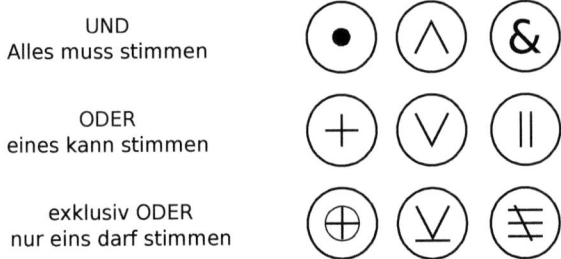

UND
Alles muss stimmen

ODER
eines kann stimmen

exklusiv ODER
nur eins darf stimmen

17: Bedingung EPK

Dabei gibt es nur ein paar wenige Bedingungen,
damit ein Ablauf auch funktionieren kann.

UND

- mehrere Aufträge sind zusammen Bedingung, um die Erledigung zu erfüllen

- ein Auftrag kann auch zu mehreren Möglichkeiten der Erledigung führen.

- mehrere Erledigungen führen zusammen zu einem neuen Auftrag

ODER

- *mindestens* ein Auftrag führt zu einer Erledigung

- *mindestens* eine Erledigung führt zu einem neuen Auftrag

- ein Auftrag führt zu mindestens einer Erledigung

- verboten ist: ~~Eine Erledigung führt zu mindestens einem Auftrag~~

ENTWEDER/ODER (XODER)

- *genau* eine Aufgabe von mehreren führt zur Erledigung

- *genau* eine Erledigung vom mehreren führt zu einem neuen Auftrag

- `verboten ist:` ~~Eine Erledigung führt zu genau einem Auftrag aus mehreren~~

interpretiert. Zum Abschluss habe ich noch ein kurzes Beispiel zu dem sehr beliebten Thema eines *Kochrezeptes* dargestellt:

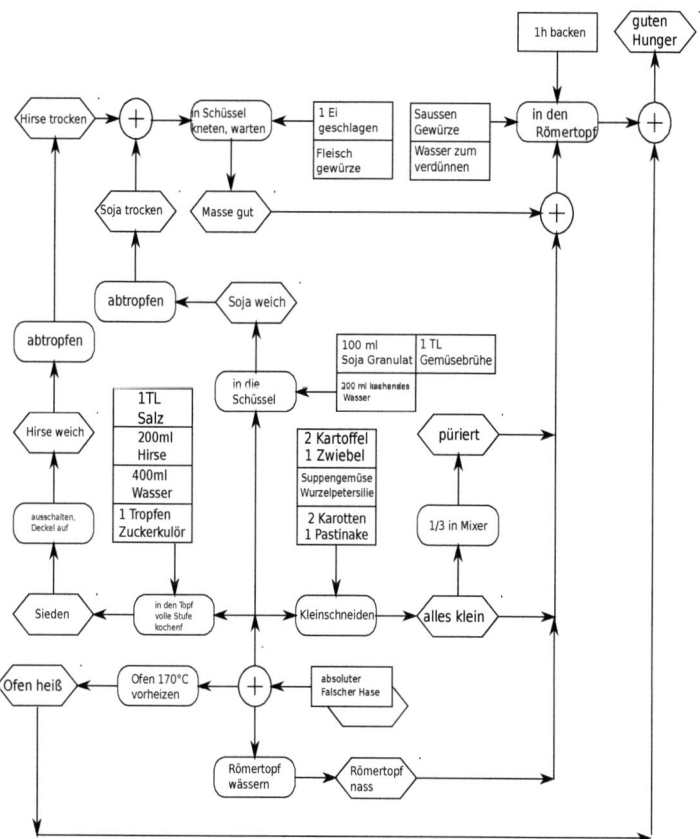

18: EPK: Falscher Hase

Umgang mit Fehlern

> Wer keine Fehler macht, der arbeitet auch nicht!

Fehlerabschätzung

Wie oben bei der $^{80}/_{20}$ Regel schon erklärt, gibt es nichts auf der Welt, als absolut fehlerfrei ist. Dabei ist darüber nachzudenken, was ein Fehler ist. Wenn man überhaupt von Fehlern sprechen kann, so sind diese die Differenz der erhaltenen Aussage zu der wirklichen. Die Gründe sind hierfür zum Beispiel

- fehlende Informationen. Zu beachten ist aber, dass *keine* Aussage alle Informationen erhält. Der Auftraggeber sucht sich die Infos raus, die er für die Aufgabe relevant hält.

- falsch interpretierte Aussagen. Kommunikation ist alles.

Wichtig ist aber, sich erst einmal einzugestehen, dass absolut fehlerfrei überhaupt nicht möglich ist. Fehler sind immer dabei. Die Akzeptanz, wie ungenau die Aussage ist, wird als Toleranz bezeichnet.

Fehlerfortpflanzung

In der Technik kennt man das Problem der Fortpflanzung von Fehlern. In einer Prozesskette addieren sich die Fehler leider nicht einfach hinzu, sondern sind ein gewichtiger Faktor für den weiteren Prozess. Dieses lässt sich auch auf allgemeine Aufgaben übertragen.

Das heißt: die Fehler, die am Anfang gemacht werden, verstärken alle darauf folgenden Fehler. Was bedeutet das in Bezug auf die Vermeidung von Fehlern?

1. Die Teilaufgaben, die am besten mit den geringsten Problemen ausgeführt werden können, sollten als erstes bewältigt werden. Denn diese sind am wenigsten fehlerbehaftet.

2. Können Teilaufgaben zusammengeführt werden, so sollte dies auch gemacht werden.

3. ABER: Große Aufgaben = große Fehler, kleine Aufgaben = kleine Fehler

Leider ist es nicht einfach. Viele Teilaufgaben verlangen die Lösung von vorherigen Aufgaben. Deswegen macht es (ganz besonders bei großen) Aufgaben Sinn, sich vorher Gedanken zu machen und zu planen. Gerade bei größeren Aufgaben nimmt man sich ein Blatt Papier und einen Stift in die Hand um die ganze Aufgabe, von der Aufgabenstellung bis hin zur Lösung aufzuzeichnen. Ich selber habe mir extra dafür eine Tafel an der Wand montiert. Ich nenne dies *Vertikalorganisation*.

Denn: die Zeit, um eine Struktur aufzubauen, reduziert im Endeffekt die Gesamtzeit der Lösung.

- in wie viele Einzelaufgaben kann ich die Aufgabe aufteilen?

- Welche Aufgabe kann ich am schnellsten mit den wenigsten Fehlern erledigen?

- Welcher Aufgabenteil hat die höchste Priorität?

- Kann ich Meilensteine (= Zwischenergebnisse) liefern, um den Chef/Kunden zu informieren und zu beruhigen?

- Wie kann ich am ehesten die 80% erreichen?

Meilensteine

19: Meilensteine

Nicht nur um den Kunden oder Chef zu informieren, sind Zwischenergebnisse wichtig. Sie geben einem auch das Gefühl den Teil auch erledigt zu haben, was zu einer enormen Stressreduktion führt. Ich glaube, es war Reinhold Messner, der gesagt hatte, dass die Ersteigung eines Berges aus vielen kleinen Schritten besteht und mit dem ersten beginnt.

Also: Gelegentlich nach hinten schauen, um zu sehen, was man geschafft hat und nicht nach vorne mit der Einstellung, wie viel noch vor einem liegt.

Ein weiterer Aspekt ist, dass diese Zwischenergebnisse die Aufgabenstellung noch einmal vor Augen führen. Oft erkennt man danach, dass

- einige Teilaufgaben eigentlich gar nicht nötig sind

- Änderungen durchgeführt werden müssen, um die Aufgabe überhaupt erledigen zu können oder diese sogar verbessern beziehungsweise weniger Zeit zu bewältigen.

Ach ja, die anderen

Die beliebten Mal-eben-Aufträge

Kannst du das mal eben für mich machen? Ist ja schnell gemacht.

Dieser Satz ist durchaus beliebt und sollte kein Problem sein, wenn es auf Gegenseitigkeit beruht. Leider gibt es immer wieder Personen, die das zur Regel machen. In Aspie-Kreisen bezeichnen wir diese als *(Energie-)Vampire*. Man will ja höflich sein und denkt, der andere wird einem ja auch helfen. Hat man das Gefühl es ist einseitig, dann sollte man, ja muss sogar, dem entgegenwirken.

In dem Fall ist es am besten nach einer gewissen Zeit eine Bilanz zu ziehen. Gerade im Arbeitsleben summieren sich diese „Kleinigkeiten", so dass man mit der eigenen Arbeit nicht nachkommt.

```
Wenn man für alle da ist, hat man immer
     einen vergessen- sich selbst
```

Auch Vorgesetzte kommen gerne mit dieser diesen
Aufträgen – und vergessen dann ganz gerne dass man
auch eine eigentliche Aufgabe hat.

Eigentlich sollte es klar sein: Wer zum Beispiel bei
der Feuerwehr oder dem Katastrophenschutz mitwirkt,
der weiß, dass der Eigenschutz *vor* dem Fremdschutz
geht. Keinem Opfer ist geholfen, wenn man selbst in
den Flammen umkommt.

Ist es klar, dass man mit seinen Aufgaben wegen
dieser Bitten nicht vorankommt, hat man durchaus das
Recht auch mal nein zu sagen. Wenn der Gegenüber
beleidigt ist, dann ist das das Problem desjenigen selber. Beliebte Argumente sind

- Ich mache doch auch so viel für dich (Hier hilft
  dann die Gegenüberstellung der Bilanz)

- du bist der einzige, der das machen kann (Warum
  ich, und nicht du oder andere?)

- gerade bei Vorgesetzten: Bei den anderen habe ich kein Vertrauen (Hier kann man dann gut auf eine Gehaltserhöhung oder eine Verbesserung des Arbeitsvertrages ansprechen)

T E A M

Abkürzung für „**T**oll **E**in **A**nderer **M**acht's "

Nein, das bestimmt nicht. Aber was ist Teamarbeit? Zuerst ist zu überlegen, was ein Team von einer Gruppe unterscheidet.

Eine Gruppe ist eine Zusammenstellung von Mitarbeitern, die in einem hierarchischem Gefüge mitwirken. Jede Position ist klar dargestellt. Je höher die Position, desto mehr Aussagekraft hat der- oder diejenige. Das heißt aber auch dass mit der Position auch die Verantwortung steigt. Klassisch findet man eine Gruppenstruktur zum Beispiel in (Handwerks-)Betrieben:

Meister → Geselle → Lehrling

Das wichtigste in einer Gruppe ist, dass mit höherer Hierarchie auch die Verantwortung, insbesondere zu den Untergeordneten existiert.

Ein Team ist eine Zusammenstellung von Mitarbeitern meist zur Lösung eines Problems. Im Team darf es keine Hierarchie geben. Jede Aussage hat erst einmal das selbe Gewicht und jeder ist gleichgestellt. Eine besondere Aufgabe hat hierbei der Moderator. Ist die Aufgabe schwer oder viele sind in dem Team beteiligt, kann man auch noch einen Schriftführer ernennen. Aus Erfahrungen weiß man, dass eine Größe von sieben Teilnehmern ideal ist.

Moderation

Der Moderator ist ein Teil des Teams. Seine Eingaben sind nicht mehr oder weniger wert als die der anderen Teilnehmer. Er ist der Erste unter Gleichen und hat in diesem Sinn eine Doppelbelastung.

Der Moderator ist meist der, der das Team zusammenstellt, um ein Problem zu lösen. Er muss die Diskussion führen, darf aber nicht in die einzelnen Eingebungen der Mitglieder eingreifen.

Die Moderation verlangt viel Handlungsgeschick. Entsteht im Team eine neue Frage, so übernimmt idealerweise der Fragesteller für diesen Aspekt die Moderation.

Teilnehmer

Für eine Diskussion am interessantesten ist es, wenn von jedem zu erwartenden Teilprozess mindestens ein Teilnehmer vorhanden ist. Ideal ist es, wenn auch Unbeteiligte mitwirken, da deren Horizont meist weiter ist.

Beispiel: Wir bauen ein Haus: Teilnehmer des Teams wären hier idealerweise der Bauherr (Moderator), der Architekt, der Maurer/Statiker, die Installateure, die Ehefrau und die Kinder.

Ich verstehe nicht was der andere sagt

Da jeder das gleiche Mitspracherecht hat, ist es nicht nur erlaubt, sondern auch erwünscht, mitzuteilen wenn jemand einen anderen Teilnehmer nicht versteht. Zwar sollte alles kurz und knapp gehalten werden (man hat ja nicht ewig Zeit), Begriffe die von anderen nicht verstanden werden, sollten tunlichst vermieden werden. Allgemein gilt:

Es gibt keine dummen Fragen, sondern nur dumme Antworten!

Zeiterfassung

Vom Zeitansatz her sollte man die geistige Aufnahmefähigkeit der Teilnehmer berücksichtigen. Diese liegt bei den meisten Menschen bei etwa einer Dreiviertel Stunde. (Danach fängt man an zum Beispiel Käsekästchen zu spielen). Pausen sind deshalb ein wichtiger Aspekt.

Damit jeder am Team teilnehmen kann, sollte der Wunsch nach Pausen entsprochen werden. Nach spätestens einer dreiviertel Stunde sollte eine Pause von einer viertel Stunde vorhanden sein. Körper und Geist haben Zeit sich zu regenerieren und neue Ideen zu entwickeln. Eine schöne Alternative zu den „Raucherpausen" (etwa 5 min.) wäre eine Entspannungseinheit zum Beispiel nach Jakobsen.

Fragestellung / Ziel

Um ein Team zusammenzustellen, bedarf es einer Fragestellung oder ein Ziels. Diese ist oft unverständlich für die anderen Teilnehmer. Wichtig ist es aber, dass jeder die Fragestellung oder das Ziel verstanden hat, da er sonst schnell aussteigt.

Brainstorming / Methoden zur Problemlösung

Zur Lösung eines Problems kann man verschiedene Varianten einsetzen. Bei jeder Variante gilt:

Es ist egal, ob man etwas Positives oder Negatives mitteilt. Negative Aspekte können zu einem positiven Aspekt einer nachfolgenden Mitteilung führen.

offene Diskussion Am einfachsten ist die offene Diskussion. Hierbei muss der Moderator darauf achten, dass jeder seine Eingebung mitteilen kann. Die Schwierigkeit ist, das Redefreudige zu lange reden, Dominante zu aufdringlich wirken können und dabei andere einschüchtern, ohne es selber zu wollen.

Metaplan Die am meisten verwendete Methode ist die **Metaplanmethode**. MitHilfe von schönen bunten Kärtchen gibt man seine Ansicht auf eine Wand mit Nadeln oder Magneten. (Viele erkennen diese vertikale Struktur an ihrem Kühlschrank wieder.). Wo die Karte befestigt wird ist egal. Diese Methode wird auch als Mindmapping bezeichnet.

20: Mindmap

Ein wichtiger Aspekt ist hier das (Aus-) X-en. Es ist ja erlaubt alles auf die Tafel zu schreiben. Anteile, die möglicherweise kontraproduktiv sind, streicht man einmal durch, lässt aber das Argument an der Wand. Denn gerade solche Anteile können Innovationen sein für neue Ideen.

alles negativ Bei der **Negativmethode** sammelt man erst alles, warum man dieses Problem nie lösen wird. Mit diesen Aspekten geht man dann leichter an eine positive Lösung heran.

Auch bei Problemen, die festgefahren sind, ist diese Methode sehr hilfreich. Hier geht man dann auf die (negativen) Gegenargumente ein und versucht diese zu analysieren. Sind die Argumente schlüssig? Lassen sie sich belegen? Wenn ja, dann sollte man die Argumente durchaus in die eigene Auffassung mit einbinden. Allerdings müssen alle Argumente (auch die eigenen) im wissenschaftlichen Sinne haltbar sein: Also

→ belegbar,

→ verifizierbar,

→ nachvollziehbar und

→ jederzeit wiederholbar.

Tunnelmethode Sie ist besonders bei komplexen Problemen sinnvoll. Das Team baut mehrere Subteams auf, die alle von unterschiedlichen Richtungen, auch vom Ziel selbst, herangehen. Am Ende trifft man sich und versucht, eine gemeinsame Schnittmenge zu finden.

Zusammenfassung/Zielfeststellung

Schaut man sich das Mindmapping an, so erkennt man erst einmal nur Chaos. Der nächste Schritt in einem Team ist das Zusammenfassen der einzelnen Aspekte. Man nimmt eine zweite Wand und setzt das Problem in die Mitte. Von diesem Punkt an diskutiert man die einzelnen Aspekte und baut eine Hierarchie auf. Wichtig hierbei ist es , dass keine neuen Aspekte mehr hinzugefügt werden. Der Abschnitt ist abgeschlossen. Dadurch, dass alle mitgewirkt haben, geht dies erstaunlich schnell. Kontraproduktive Aspekte können herausgenommen werden. Auch hier gilt:

Jeder darf alles sagen.

Das Ziel

Am Ende bleibt nur noch die **Zielfeststellung**. Dabei sind folgende Fragen zu beantworten:

- Ist das Ziel realistisch?

- Ist das Ziel überhaupt durchführbar?

- Ist der Endtermin zeitlich erreichbar?

Und zu guter Letzt:

Wird das Ergebnis von allen akzeptiert?

Vorträge → Direkt und online

21: Vortrag

Herr Je – Was ein Publikum....

Eigentlich sollten wir uns keine Gedanken machen. Viel Publikum bedeutet auch viel Interesse. Aber das negative Lampenfieber steigt.

Warum nur? Wenn man sich so einige (auch pro-fessionelle) Vorträge anschaut, dann besteht schon eine Vorstellung. Die Vorträge sind

- **zu lang**. Wie schon öfters erwähnt, liegt die Auf-merksamkeitskapazität etwa bei maximal einer dreiviertel Stunde. Gerade in der Kirche schaffen es einige Prediger diese Zeit immens zu überzie-hen. Und dann wundern sie sich, dass alle gut ausgeruht aus der Kirche gehen...

- **zu eintönig** Keine Wechsel, nur Text. Unser Ge-hirn braucht ab und zu etwas Ablenkung.

- **zu monoton** Viele Vortragende machen auch keine Abwechslung in Stimme oder Gestik. Hier macht es Sinn auch einmal ein gutes Buch über Didaktik oder Rhetorik in die Hand zu nehmen (und auch zu lesen). Leider ist dieses Problem häufig in der akademischen Lehre zu finden.

Der Vortrag an sich

Viele, viele Vorträge ich gesehen (um hier mal die Yoda Grammatik zu verwenden). Leider sehe ich einen Trend zu

- Bunter

- Effekthaschender

- zugepackter

Die heutigen Programme zur Erstellung von Präsentationen bieten eine unendlich große Anzahl an Möglichkeiten an, um eine Präsentation aufzulockern. Aber muss man alles auf einmal nutzen?

Der Satz *weniger ist mehr* trifft auch hier zu. Im Vordergrund sollte ja der Inhalt stehen, nicht die Präsentation. Schon aus Zeiten mit den Tageslichtprojektoren gibt es einfache Regeln, die eine brauchbare Präsentation bedingen:

- **weniger als 50 Wörter pro Blatt**. Vorrang hat die (freie) Rede. Die Präsentation dient nur zur Verdeutlichung. Oder liest man aus einem Buch vor?

- **Je kürzer, je besser.** Ellenlange Vorträge sind nicht gefragt. Maximal eh eine Dreiviertel Stunde, üblich sind aber heute fünf bis zehn Minuten.

- **alle 15 Sekunden 1 Blatt**. Sonst kann man sich ja auch einen Film ansehen

- **Pausen lassen**. Die Zuhörer brauchen auch Zeit, die Informationen aufzunehmen

- **langsam reden.** siehe oben

Gliederung

Die Gliederung sollte am Anfang dargestellt werden. Ideal sehe ich folgende Gliederung :

1. **eigene Vorstellung** (kurz!)

2. **Gliederung** (kurz!)

3. **Einleitung** ($1/6$). Gibt die Problemstellung an und sorgt für die grundlegenden Informationen im Hauptteil

4. **Hauptteil** ($2/3$). Der eigentliche Vortrag. Bei größeren Vorträgen ist eine kurze Darstellung, wo man in der Gliederung steht, sinnvoll. Die Aspekte laufen nach dem Schema

   Problemangabe $\rightarrow$ Lösung des Problems

5. **Abschluss** ($1/6$). Im Abschluss kommt eine kurze Zusammenfassung und das Fazit. Zu guter Letzt bedankt man sich für das Interesse und steht für Fragen zur Verfügung.

Direktveranstaltung

Bei der Direktveranstaltung trägt der Vortragende seinen Vortrag vor einem Publikum vor. Der Vorteil hier ist die direkte Nähe zum Publikum, welche auch, wenn gewünscht, innerhalb des Vortrags Fragen stellen kann. Nun gibt es zwei Fragen:

> Wie bereite ich den Vortrag vor?

> Wie trage ich vor?

ohne dass das Publikum einschläft.

Wie bereite ich vor?

Allgemein unterscheidet sich ein Vortrag, der direkt vorgetragen wird nicht viel von einem Onlinevortrag. Aus dem Grund gibt es ein eigenes Kapitel dazu. Aber man muss nicht unbedingt eine Präsentation vorführen. Der große Vorteil eine Direktveranstaltung ist die Möglichkeit der freien Rede mit dem Nutzen von direkt direkt auf eine Tafel oder Whiteboard zu schreiben. Bevor es Tageslichtprojektor oder gar Beamer gab, war das die einzige Möglichkeit.

Es existieren kleine Unterschiede zu von Direkt- zu Onlinevorträgen:

Bei einem Direktvortrag sollte beachtet werden, dass die Zuschauer von unterschiedlichen Positionen den Vortrag sehen und hören. Schriftart, Größe und Position sollten so gewählt werden, dass man auch aus der ungünstigsten Poisition den Vortragenden folgen und die Leinwand sehen kann. Hier in Remscheid gibt es zum Beispiel ein wunderschönes Kleintheater, wo aber genau zwischen Bühne und Publikum ein breiter Träger steht (der leider auch nicht entfernt werden kann).

Weiter gibt es Unterschiede im Kontrast. Über ein Beamer und Tageslicht müssen stärkere Kontraste vorgesehen werden.

Kleinigkeiten, auf einem Monitor erkenntlich dargestellt, sind auf der Leinwand schlecht oder gar nicht zu erkennen.

Wie trage ich vor?

In der Regel ist der Vortragende vorne an einem Pult, bei größeren Veranstaltungen steht der Vortragende meist erhöht auf einer Bühne.

Sitzposition am Tisch gibt es zwar auch, aber wenn es keinen triftigen Grund gibt, rate ich von der Variante ab. Zum einen ist der Vortragende dadurch sehr unbeweglich, zum anderen kommen Erinnerungen der Schulzeit zurück.

22: ideale Blickposition

Aber wohin richtet sich der Blick bei einer größeren Zuschauerzahl? Idealerweise schaut man wechselnd rechts und links in das hintere Drittel. Ab und zu auch mal nach vorne um die vorderen Plätze nicht zu verärgern.

Hier habe ich die Erfahrung gemacht, wenn ich einen Vortrag auf einem Podium halte, dass man sich in der Gruppe einen Fixpunkt sucht. Komischerweise ist dieser Punkt oft der, den wir in der Physik als Massenmittelpunkt nennen. Wir machen das automatisch. Ist man etwas unsicher, dann kann man einen Punkt $1/3$ rechts oder links von der Gruppe suchen (Stichpunkt Goldener Schnitt). Es gibt hier keine festen Werte, Das Bauchgefühl entscheidet.

Im Allgemeinen schaut der Vortragende in Richtung Publikum. Das sind ja die Zuhörer. Man spricht ja nicht mit der Leinwand.

Um etwas auf der Leinwand zu zeigen oder etwas auf einer Tafel aufzuschreiben, ist es notwendig, sich umzudrehen. Das sollte aber nur für diesen Fall passieren, danach sofort wieder zum Publikum. Wichtig ist auch die richtige Verwendung der Zeigemöglichkeiten. Egal ob klassisch Zeigestock oder modern Laserpointer, ein wildes Herumfuchteln verursacht, unabhängig von möglichen Verletzungen, eine Unruhe im Publikum, was deren Konzentration kostet so dass sie den Vortrag nicht mehr nachverfolgen können.

Wo ist der beste Platz zum Vortrag?

Zum einen natürlich so, dass der Vortragende nicht selbst die Leinwand behindert. Besteht die Möglichkeit der Bewegung, so sollte dies auch genutzt werden. Aber alles in Maßen. Der Vortrag steht ja im Mittelpunkt, nicht das schauspielerische Talent des Redners. Das gleiche ist mit den Händen und Füßen. Bewegung befreit, zu viel aber führt zur Flucht. Ideal ist es, die Bewegungen mit in den Vortrag einzubinden.

online

Gerade jetzt, aber auch in Zukunft, werden viele Seminare *online* durchgeführt. Das hat den Vorteil, dass die Räumlichkeiten sehr viel kleiner gehalten werden können und auch die Teilnehmerzahl größer sein kann.

Anderseits hat diese Art von Seminaren eigene Kriterien, um diese auch erfolgreich durchzuführen. Auch sehr wichtig ist es, dass es verschiedene Betriebssysteme gibt. Leider sind viele Programme (neudeutsch Apps) nur auf einen großen kommerziellen Hersteller von Betriebssystemen aufgebaut. Andere Betriebssysteme kommen dann nicht an die Onlineveranstaltung ran. Aus den Erfahrungen des World Wide Web nutzen heute viele die *Browser-orientierte* Variante. Die modernen Browser sind in der Lage diese zu lesen. Derzeit existieren zwei Formen von Onlineseminaren:

Die Videokonferenz ist eine Variante, die eher angedacht für Teams oder Veranstaltungen mit kleinem Personenkreis. Ideal ist eine Teilnehmerzahl von sieben. Ab etwa zehn bis fünfzehn Teilnehmern ist auch der größte Monitor zu klein, die Personen zu erkennen.

Da jeder hier hör- und auch sichtbar ist, ist eine direkte Kommunikation möglich.

Das Streaming Bei einem Streaming gibt es nur eine einseitige Verbindung. Das heißt, der Vortragende ist zu erkennen, die Teilnehmer können zuschauen und nur begrenzt über eine Kommentarfunktion mitgestalten.

Die Umgebung

Gerade bei Onlineveranstaltungen und -treffen ist die Umgebung sehr wichtig.

Lichtverhältnis

Die Kameras zur Aufnahme richten sich immer nach der hellsten Stelle in ihrer Umgebung. Das bedeutet, dass bei einer Videoteilnahme und Tageslicht (zum Beispiel Fenster) hinter der Person diese völlig verdunkelt erscheint.

Abhilfe schafft hie die gleichmäßige Beleuchtung von allen Seiten. Dies ist durch eine gute Positionierung der Kamera behoben. Bei Tageslicht kann das durch einen Spiegel oder eine gut reflektierende weiße Fläche *über* der Kamera erreicht werden, die die Teilnehmer auch von vorne ausreichend beleuchtet.

Lichtfarbe

Kameras nehmen die Farben in ihrer Intensität anders auf als unser Auge. Leider ist dieses Farbverhalten bei jeder Kamera anders. Zudem werden diese Farben wiederum auch noch anders am Monitor ausgegeben.

Um nicht wie eine Leiche oder mit 40°C Fieber aus-
zusehen, ist es ratsam. vorher sich selber am eigenen
Monitor anzusehen, wie man wirkt. Hat man mehrere
unterschiedliche Monitore zur Verfügung, dann sollte
man diese auch ausprobieren.

Lampen haben heutzutage viele Farbarten. Eine
höherwertige Lampe mit Tageslichtspektrum ist in den
meisten Fällen die bessere Alternative. Allerdings kann
man auch mit der geeigneten Farbwahl und vielleicht
auch passende Lampenfilter sich selber auch optimie-
ren. Jeder gute Fotograf kennt das.

Der Hintergrund

Bei einer Videokonferenz wird nicht nur die teilneh-
mende Person gesehen. Auch die Umgebung wird wahr-
genommen. Die meisten Kameras haben eine Tiefenschärfe auf unendlich eingestellt. Das heißt, alles was
die Kamera aufnimmt, wird scharf dargestellt. Nur wenige Kameras bieten die Einstellung der Tiefenschärfe
an.

Nun möchte man ja auch positiv aufgenommen werden. Eine unsauberer Hintergrund, aber auch zu viele
störende Elemente oder ein ungeeigneter Platz (Kü-

che, Toilette, Schlafzimmer... alles schon erlebt) wirken dem nicht förderlich.

Ein guter Arbeitsplatz ist ein Raum, der dem entsprechenden Meeting entspricht. Ist dies nicht möglich, so besteht bei vielen Videokonferenzanbietern die Möglichkeit, einen *virtuellen* Hintergrund anzulegen. Den sollte man aber auch so gestalten, dass er zu der jeweiligen Konferenz passt. Ein Hintergrund aus der Südsee mag zwar schön aussehen, ob dieser aber bei einem Geschäftstermin oder einer Bewerbung sinnvoll ist, mag fraglich sein.

Allgemeine Regeln

In der Videokonferenz selber gibt es einige Regeln (eine Art Knigge), um die Veranstaltung sauber durchzuführen:

Konferenzlink Der Moderator versendet den zugehörigen Link erst kurz vor dem eigentlichen Treffen.

Annahme und Blockieren Der Moderator hat die Möglichkeit, den Neuzugang anzusehen, um zu entscheiden ob er berechtigt ist. Diese Möglichkeit sollte er auch nutzen und eventuell den Zugang blockieren oder aber nur Video bzw. Audio freischalten.

Verbindlichkeit Für den Zugang sind verbindliche Anmeldedaten erforderlich.

Vor dem Meeting sollten sich alle mit dem Programm vertraut machen. Während des Meetings wird sonst wertvolle Zeit vergeudet.

Der Moderator führt das Meeting Ihm ist Folge zu leisten. Bei Verstößen sollte der Moderator durchaus seine Möglichkeiten nutzen, um die Person entweder stumm zu schalten oder sogar zu entfernen.

Jeder sollte angehört werden Aber es sollten keine endlosen Monologe folgen. Ist derjenige fertig, so signalisiert er dies oder es wird etwa 2 Sekunden gewartet.

Aktive Teilnahme Möchte ein Teilnehmer etwas mitteilen, so signalisiert er dies. In den meisten Systemen gibt es hierzu die *Hand oder Winke Funktion.*

Daten wie zum Beispiel ein Link oder eine private Nachricht an einen anderen Teilnehmer werden über die *Chatfunktion* mitgeteilt. Wie beim Chatten allgemein gilt *Kurz und knapp.*

aktives Vorstellen Will ein Teilnehmer etwas vorstellen, so kann dieser seinen Bildschirm freischalten. Es braucht nicht erwähnt zu werden, dass private Inhalte dann auch mitveröffentlicht werden, wenn der Bildschirm direkt freigeschaltet wird. Also vorher besser alles minimieren und nur die Präsentation öffnen.

Gesten

Gerade bei Videokonferenzen haben sich einige Gesten herauskristallisiert:

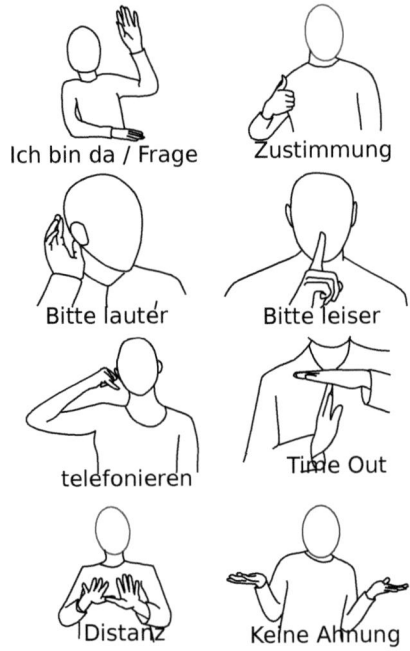

23: Gesten

Zu guter Letzt: Wie es nicht sein sollte

24: gelangweilt

Videokonferenz

25: Videokonferenz

In der Videokonferenz lädt ein Moderator die anderen ein. Der Moderator hat es auch in der Hand, wie die Veranstaltung abläuft. Im Allgemeinen kann jeder Teilnehmer die anderen sehen.

Leider kann es passieren, dass auch nicht eingeladene Personen an dem Meeting teilnehmen. Entweder durch das Einhacken in eine nicht sichere Verbindung, oder aber auch (was in den meisten Fällen vorkommt) durch das unbedachte Weiterleiten einer Einladung durch Teilnehmer.

Streaming

Ein Streaming ist ein Vortrag in einer Richtung. Der Teilnehmer ist in diesem Fall lediglich Zuschauer. Dennoch kann er im Chatbereich mitdiskutieren und Fragen stellen. Üblich ist es aber, diese Fragen erst nach der Präsentation zu beantworten.

26: Greenscreen

Das **Greenscreen-Verfahren** ist aus dem Bluescreen weiterentwickelt worden, welches in den sechziger Jahren des letzten Jahrhunderts entwickelt worden ist. *Armin Maiwald* (Sendung mit der Maus) war mit

Robbi, Tobbi und das FlieWaTüüt einer der ersten, der es angewendet hatte.

Hierzu wird eine Wand hinter der Person aufgestellt und über den Rechner ein passenden Hintergrund projiziert. Im Gegensatz zu damals verwendet man nicht mehr einen blauen, sondern einen grünen Hintergrund. Das hat mit dem Verhalten der Kameras und unserer Kleidung zu tun. Das Problem hierbei ist, dass alles, was diese Farbe hat, vom Rechner als Hintergrund angesehen wird, Da kann man schnell mal unsichtbar werden......

Der Vorteil hierbei ist, dass als Hintergrund nicht nur eine passende Location simuliert werden kann, sondern auch bei Vorträgen die Präsentation selber eingestellt werden kann.

Feedback
oder wie gütlich Streiten

Wir leben in einer großen Gesellschaft. Aber auch unter uns, die von einem anderen Planeten stammen, gibt es Meinungsverschiedenheiten. Das ist auch gut so. Was wäre denn eine Welt, in der alle die gleiche Meinung haben. Langweilig. Und ohne Bewegung. Also tot.

Wenn man unzufrieden ist über das Verhalten eines anderen und still schweigt, was bringt das? Richtig, nichts. Das Gegenüber hat dann keine Kenntnis, das etwas schief läuft und macht sorglos weiter.

Leider neigen gerade wir als Aspies dazu, dem Gegenüber direkt auf die Differenz hinzuweisen. Es soll ja aus der Welt. Das Problem dabei nur ist, dass das dann falsch und als Beleidigung verstanden werden kann.

Dabei hat schon Freiherr von Knigge dazumal Richtlinien entworfen, um eine Diskussion oder einen Streit vernünftig zu führen. Hier kurz ein paar Hilfen, wie es besser laufen kann. Nicht Muss, denn es gehören immer zwei dazu. Wenn eine Seite sich nicht daran hält, funktioniert das Ganze nicht.

Location

Wenn man sich austauschen möchte, ist der Ort entscheidend dafür, *was* und *wie* man etwas mitteilen möchte.

Gerade bei uns im autistischen Spektrum ist es wegen unserer Unfähigkeit Sinne zu selektieren und zu filtern schwer einen geeigneten Platz zu finden. Eine Kneipe, ein Großraumbüro oder ähnliche Orte sind wegen der Fülle der Reize ungeeignet. Meiner Erfahrung nach ist ein Platz, der

+ ruhig, lautlos ist (auch keine Drucker, Rechnergeräusche, Lampengeräusche o.ä.). Aus Gründen, die ich nicht verstehe, ist ein Wald trotz seiner Geräusche oder eine Straße am Abend dennoch brauchbar.

+ Lichtverhältnisse wie am Abend oder am Morgen draußen hat. Leichte Akzente, die nicht hervorstechend sind, stören nicht.

+ eine Temperatur hat, in dem man im Büro arbeiten möchte. Lieber leicht kühler, aber angenehm.

Wichtig dabei ist, dass auch wenn man außerhalb der direkten Kommunikation von Angesicht zu Angesicht etwas mitteilen möchte oder etwas mitgeteilt bekommt, es gut ist, wenn diese Bedingungen vorherrschen.

Kommunikationsmodel

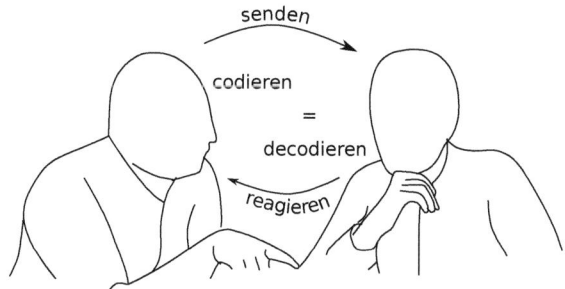

27: Kommunikation

Das Modell der gegenseitigen Kommunikation ist eigentlich einfach. (Mir ist bekannt, das das für viele schon veraltet ist, aber in diesem Fall doch sehr brauchbar).

Es ist wie beim Morsen: Ich sende etwas ab und der Empfänger nimmt es auf. Fragen sollte man sich hierbei:

? Kann der Empfänger mich überhaupt empfangen?

? Versteht er das, was ich mitteilen möchte oder sind das für ihn Böhmische Dörfer?

? Verletze ich ihn dabei?

? Oder versteht er es falsch?

Als Sender sollte ich mich auf die Kommunikationsebene des Empfängers stellen. Ich will ja, dass er mich richtig versteht.

Als Empfänger habe ich auch das Recht, ja sogar die Pflicht mitzuteilen, das ich den Gegenüber nicht verstehe.

Erst die gemeinsame Basis führt zum Erfolg. In der Wissenschaft nennt man das *Erden.* Damit man schneller eine Basis findet, hat man die Sprache entwickelt. **Aber:** Unterschiedliche Sprachen, vor allen Dingen, die sehr nah beieinander sind, führen oft zu Missverständnissen. Man stelle sich nur vor ein Mensch mit Braillekenntnissen bekommt einen getanzten Morsecode vorgesetzt.

Das Feedback an sich

Keine Verallgemeinerung

Egal ob Diskussion oder Streit, es betrifft immer einen begrenzten Personenkreis. Begriffe wie *Alle* oder *Jeder* gelten als Totschlagargumente. Wer ist zum Beispiel alle? Wer ist man? Wer diese verwendet, erweckt den Anschein, dass seine Argumente nicht belegen kann. Der Widerspruch zu diesen Verallgemeinerungen ist auch einfach: Es reicht eine Person oder Argument, um alles zu widerlegen. Und das ist in der Regel die andere Partei.

Die Kritik, welche man übt, macht man ja aus seiner Sicht. Also :

Ich habe das Gefühl...,
Mich stört es...,
Mir ist aufgefallen, dass...

Die Ich Position

Eine Diskussion beginnt damit, dass ein Problem benannt wird. Wenn ich ein Problem mit einer anderen Partei habe, dann habe *ich* das Problem damit. Even-

tuell noch eine bestimmter Personenkreis, also meine
Partei. Wenn jemand anderes das Problem hat, dann
ist es *seine* Aufgabe,die Diskussion zu führen, niemand
anderes.

Die Höflichkeit

Versteht sich eigentlich von selbst. Man will ja selber
auch nicht beleidigt werden. Hier liegt aber das Problem, dass jede Zeit und jeder Kulturkreis aber auch
jede Altersgruppe unterschiedliche Vorstellungen hat,
was beleidigend ist oder nicht. Was das angeht, helfen
nur unsere Gesetze weiter. Zu lange Monologe ermüden
und sorgen dafür, dass Argumente nicht ausgetauscht
werden. Allerdings sollte jede für einen relevante Information enthalten sein.
Des weiteren gibt es einen Spruch,den es zu meiner
Kinderzeit an jeder Telefonzelle gab: *Fasse dich kurz.*

28: Fasse dich kurz

Das Problem benennen

Je klarer die eigene Position oder das Problem benannt werden kann, umso leichter ist es für das Gegenüber, den Sinn zu verstehen und es anzunehmen.

Es ist wichtig, die Emotionen möglichst außen vor zu lassen und das Anliegen rational vorzutragen. Dabei geht es nicht darum alles rein objektiv zu benennen. Auch ein Gefühl, was man selber hat (siehe Ich Position) kann man klar und ruhig vortragen. Auch Anschuldigungen sollten möglichst vermieden werden.

Sind mehrere Aspekte vorhanden, dann ist es am

besten, diese in ein oder zwei Sätzen einzeln zu benennen und danach ein wenig Zeit zu lassen, damit das Gegenüber die Informationen auch verarbeiten kann.

Die Sätze sollten kurz und knapp sein. Lange Ausschweifungen ohne Punkt und Komma führen dazu, dass die eigentliche Information nicht aufgenommen werden kann. Es ist leider ein beliebtes rhetorisches Mittel um die andere Seite keine Zeit zu lassen zu reagieren.

Das Zuhören

Das Schwierigste überhaupt ist das Zuhören bis zum Ende. Erst wenn alles gesagt ist, kann man auch dagegen oder dafür argumentieren. Das Einzige, wo es erlaubt ist zu unterbrechen, ist wenn etwas nicht verstanden worden ist. In dem Fall bittet man um Wiederholung der Sequenz.

Wenn es keinen Moderator gibt oder feste Zeiteinheiten vereinbart worden sind, ist ein Nicken oder etwa zwei bis drei Sekunden Pause eine gute Methode, um einen Abschluss zu signalisieren.

Bei einem Moderator (bei größeren Diskussionen oder Debatten) sind seinen Anweisungen Folge zu leisten. Er selber darf aber sich nicht in die Diskussion mit einbringen, er hat neutral zu sein.

Eine gute Diskussion ist ein Zwiegespräch in der beide Seiten die andere Seite ausreden lässt. Methoden, wie zum Beispiel die *amerikanische Diskussion*, also zwei oder mehrere Parteien gegen eine, führen meiner Meinung nach nicht zu einem gleichberechtigten Gespräch und führen dann auch nur selten zu einem brauchbaren Ergebnis.

konstruktive Kritik

Nach der Mitteilung des eigentlichen Diskussionspunktes sollte eine konstruktive Kritik erfolgen. Formulierungen wie *Du Musst...* oder *Ich will...* helfen nicht weiter. Man muss gar nichts und wenn jemand etwas will, dann muss diese Person es auch selber machen.

Besser ist es, Vorschläge zu machen, die allen Seiten helfen. Denn die andere Person hat mit der Absicht gehandelt, ein eigenes Ziel zu erreichen, das nun mit meinem im Konflikt steht.

Ein guter Vorschlag ist so ausgelegt, dass er einen gewissen Handlungsspielraum für beide Seiten lässt.

Win Win Situation

Die Idealform ist, wenn beide das Gefühl haben, nicht unterlegen zu sein. Man trifft sich *immer* irgendwo in der Mitte. Das funktioniert aber nur, wenn **beide** Seiten bereit sind, auch etwas von Ihrer Position abzurücken.

Unser selbst. . .
Selbstbewusstsein↔Selbstwert

Jeder hat die Begriffe schon einmal gehört.

Aber was bedeuten sie? Oftmals werden beide Begriffe gleichgesetzt. Dem ist aber nicht so.

Selbstbewusstsein

Wie der Name schon sagt, ist man sich selber bewusst. Gerade wir als (Asperger / HfA) Autisten kennen uns selber sehr gut.

Das Blöde ist nur, dass wir nur die in unseren Augen negativen Eigenschaften akzeptieren. Die positiven Gefühle schieben wir gerne beiseite. Psychologisch ist das normal.

Wir (als menschliche Wesen) müssen gegenüber Gefahren immer gewappnet sein.

Selbstwert

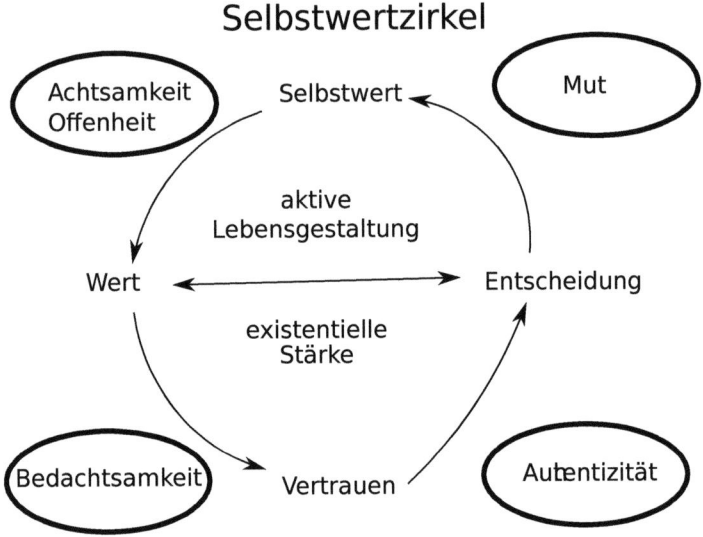

29: Selbstwertzirkel

Selbstwert ist der Wert, den wir uns geben. Er ist rein subjektiv und unabhängig von anderen.

Halt der Wert den wir in uns sehen. Wenn man nicht gerade zu sehr von sich überzeugt ist, dann schätzen wir uns alle nicht so gut ein als es wir eigentlich sind.

Wohlgemerkt: Jeder Mensch ist wert! Und bitte nicht den blöden Spruch *er kann immer noch als schlechtes Beispiel dienen*. Das ist absoluter Blödsinn und wertet nur ab.

Wie oben schon mal gesagt: Selbstwert ist der Wert, den **wir** uns geben! Eine konstruktive Kritik einer anderen Person kann man durchaus anhören. Aber wir sollten diese Kritik nicht einfach unreflektiert annehmen. Sie ist immer von der Position des Gegenübers abhängig. Auf der anderen Seite kann man eine positive Kritik zum Beispiel auch annehmen und sich darüber freuen, anstatt sie als selbstverständlich und nichtssagend abzutun.

Felder

Jeder Mensch besteht aus einer Menge Eigenschaften. Und diese sind bei jedem Menschen unterschiedlich verteilt. Man kann es sich vorstellen wie ein Bücherregal:

30: Felder als Bücheregal

Jedes Feld stellt nun eine Eigenschaft dar. Von der einen besitzt man sehr viel, von anderen weniger und bei einigen Fächern ist es sogar leer.

Ist das schlimm?

Nein, eine Eigenschaft kann nicht gut oder schlecht sein, es ist eine Eigenschaft, nicht mehr, nicht weniger. Viel wichtiger ist es, diese wertfrei zu

- (er)kennen,

- wertzuschätzen und

- positiv zu nutzen.

Wir besitzen die unterschiedlichsten Fähigkeiten in den verschiedenen Bereichen wie Beruf, Freizeit, Sport...

Auch gibt es keine Eigenschaft, die wichtiger ist als eine andere. Wenn sie überhaupt einen Wert haben, dann sind alle gleichwertig. Die Gemeinsamkeit der Menschen (auch der NTs) ist ihre Einzigartigkeit.

Unter uns gibt es Menschen, die

in der Mathematik gut sind (oft mit schlechten Schulnoten in dem Fach),

in den Fremdsprachen und der Sprache allgemein keine Schwierigkeiten haben und schon nach einer Stunde wie selbstverständlich plaudern,

ein großes Kunstverständnis haben,

im Sport vorne sind,

und, und, und

Es wird wohl keinen geben, der in allem gut ist, genau so wenig wie jemanden rein gar nicht kann. Er/Sie/Es würde sich dann selbst belügen oder gut blenden können. Das Wichtigste ist, herauszufinden, wie man seine Eigenschaften am besten verbindet und nutzt.

Leider neigen wir dazu, im Vergleich bei uns selber nur die leeren Felder zu sehen, und bei den anderen die vollen.

Selbstkritik

Was unseren Selbstwert sehr stark heruntersetzt und das Selbstbewusstsein verzerrt, ist unsachliche Kritik. Kritik ist wichtig, das sollte man nicht vergessen. Von anderen, wichtiger aber von einem selber. Wenn diese aber **pauschalisiert, herabsetzend** oder **destruktiv** ist, sollte sich besser die Ohren zu halten und gehen.

Vor allen Dingen kann man destruktive Kritik durchaus ablehnen! NOGO's sind

→ **Du bist...**
Das stimmt, ich bin ich, und das ist OK für mich. Und wer bist du?

→ **Du musst dich ändern.., das und das tun..**
Erst einmal muss ich gar nichts. Ich lerne bei jeder Situation und verändere mich damit automatisch. Und wie ich mich verändere, das bestimme ich immer noch selbst, es liegt ja auch in in meiner Verantwortung.

→ **Alle sagen...**
Nun, wer ist alle? Das kann einfach nicht stimmen. Einer findet das zum Beispiel nicht. Und das bin ich selber.

Von *Arlene Feynman*, der ersten Frau des Nobelpreisträger und kuriosem Denker Richard Feynman, ist folgender Satz bekannt:

Was kümmert es (dich), was andere denken?

Schwierig aber, wenn man sich selber kritisiert. Es gilt darüber nachzudenken: Habe ich an meinem Gegenüber die gleichen Ansprüche wie an mich selbst, oder sind die Anforderungen, mir gegenüber ungleich höher?

Wir neigen fast alle dazu, andere Menschen mit ihren Eigenschaften stärker zu tolerieren als die Wesenszüge, die wir selber in uns haben. Wir wollen perfekt sein. Gerade das Unperfekte ist es, was uns als Menschen ausmacht. Und, wie hier schon oft erwähnt:

Der/Die/Das absolut Perfekte kann es gar nicht geben!

Die Sicht der Dinge

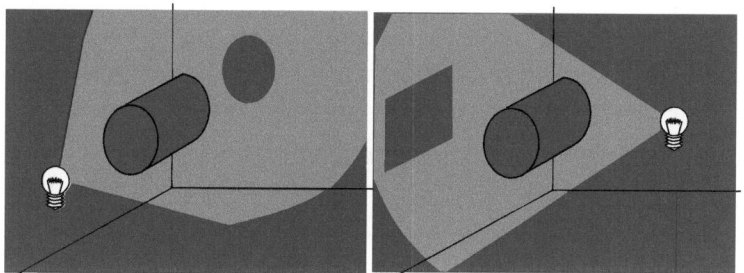

31: Sicht der Dinge

Oft sind Probleme, die uns Sorgen machen, lediglich darauf zurück zu führen, wie wir sie immer nur einseitig aus einer Perspektive betrachten.

Auch wenn wir im autistischen Spektrum viele Dinge dezidierter sehen als der normale NT, wenn wir nur von *einer* Seite die Lage betrachten, dann ist es klar, dass nicht alle Aspekte gesehen werden können. Perspektivwechsel fallen uns im autistischen Spektrum besonders schwer. Wir hängen bei Schwierigkeiten häufig in sich wiederholenden Gedankenschleifen fest.

Wie wäre es, einmal sich gedanklich an eine andere

129

Position zu bewegen? Im Idealfall natürlich, wenn wir möglichst *viele* Positionen einnehmen, also etwas von allen Seiten betrachten. Zusammen mit unserer, für Menschen mit ASS nicht unüblichen, anderen Priorisierung der Dinge können wir so viele Probleme einfacher lösen, im besten Fall existieren sie dann gar nicht.

Auch wenn es uns (damit meine ich die Menschheit allgemein) schwerfällt zu diskutieren, eine andere Auffassung hat meistens damit zu tun, dass das Gegenüber einfach eine andere Position zum Problem hat und damit *viele* Dinge einfach anders sieht.

Wohlgemerkt, es geht nicht darum eine andere Position nur anzunehmen und die eigene fallen zu lassen. Der eigene Standpunkt ist schließlich für mich selbst der wichtigste.

Und wie oben dargestellt, gibt es verschiedene Sichtweisen, die alle für sich wahr sind. Schlussendlich ist die Gesamtwahrheit die Summe der Wahrheiten aus allen Sichtweisen.

Nein, man kann durchaus eine andere Position als solche anerkennen, ohne sich selbst zu verlieren. Es sind ja zwei verschiedene Richtungen, aus der ein Problem gesehen wird. Es geht ja darum ein Problem oder eine Aufgabe zu lösen. Da ist jeder Standpunkt wichtig. Es gibt Anteile, die sich verstärken, andere schwächen sich ab, wiederum weitere entwickeln sich aus allen Positionen neu.

Wenn wir das beachten würden und uns selbst, aber auch das Gegenüber nicht abwerten, könnten viele Probleme schnell gelöst werden. Wenn ich allerdings gerade die sogenannten sozialen Medien sehe, die als Diskussionsplattform doch ideal zu sein scheinen, merke ich dass wir (wieder als Menschheit) noch sehr weit von einem friedlichen gleichwertigen Leben sind. Der Egoismus und die vielen Verletzungen, leider nicht nur verbal, sind derzeit im Vordergrund. Auch wenn es nur eine kleine Minderheit ist, die sich sehr laut und diffamierend äußert. Hat wohl was mit eigenen Selbstwert zu tun.....

Fragen, die man sich stellen sollte

Zurück zur Wertschätzung:

- Wie schätzen wir uns selber ein?

- Was gibt uns die Außenwelt vor?

- Müssen wir jeden Blödsinn mitmachen?

Diese Fragen sollten wir uns öfter mal stellen. Wir springen ja auch nicht von der Brücke, bloß weil es jemand sagt oder vormacht.

```
          Wer für alles offen ist,
   der kann einfach nicht ganz dicht sein
```

Einfacher gesagt:

Ich bin Ich – und das ist auch ganz gut so

Oder frei nach Tony Attwood:

Be a 1st class Aspie, not a 2nd class NT

Achtsamkeit

Ein sehr schöner Text, den meine Kollegin Stephanie Walter geschrieben hat, möchte ich nicht vorenthalten. Ich finde ihn sehr gut und es passt auch hier hinein:

..KLINGT NACH ESOTERISCHEM GESCHWURBEL ODER DEM NEUESTEN WEG ZUR SELBSTOPTIMIERUNG? NICHT UNBEDINGT. DINGE ACHTSAM WAHRZUNEHMEN KANN EINE QUELLE FÜR EIN ZUFRIEDENERES LEBEN SEIN.

WAS BEDEUTET ACHTSAMKEIT? WIR MENSCHEN NEIGEN DAZU, MIT UNSEREN GEDANKEN UND GEFÜHLEN ENTWEDER IN DER VERGANGENHEIT, DER ZUKUNFT ODER IMAGINÄREM VERHAFTET ZU SEIN: WIR GRÜBELN ÜBER ZURÜCKLIEGENDE EREIGNISSE ODER TRAUERN VERLORENEM HINTERHER. WAS VOR UNS LIEGT BETRACHTEN WIR MIT SORGE BEZIEHUNGSWEISE VORFREUDE, WIR ARBEITEN TO-DO-LISTEN AB, PLANEN UNSER BERUFLICHES VORANKOMMEN. WIR STELLEN UNS DINGE VOR, DIE UNS NICHT UNMITTELBAR BETREFFEN ODER DIE NICHT EINTRETEN WERDEN. DURCH UNSERE FÄHIGKEIT ZUM RATIONALEN DENKEN KÖNNEN WIR GAR NICHT ANDERS, NUR LEBEN WIR SO AN DEM

133

EIGENTLICH ENTSCHEIDENDEN FÜR UNSER LEBEN, DEM HIER UND JETZT, VORBEI.

BEI DER ACHTSAMKEIT GEHT ES DARUM, UNS DAS ERLEBEN DES GEGENWÄRTIGEN EIN STÜCK WEIT ZURÜCKZUHOLEN. WIR NEHMEN DABEI WAHR, WAS GERADE IST, MÖGLICHST OHNE ZU BEWERTEN OB UNS DAS GEFÄLLT ODER NICHT. DIES KANN ÜBER VERSCHIEDENE WEGE GESCHEHEN, ANGEFANGEN VON MEDITATION ÜBER SPORT UND BEWEGUNG, ERFÜLLENDE ARBEIT BIS HINEIN IN DEN ALLTAG. GANZ EINFACHE ÜBUNGEN BIETEN EINEN EINSTIEG, ZUM BEISPIEL SICH BEWUSST AUF DEN ATEM ZU KONZENTRIEREN. EINE TIEFE AUSATMUNG BIS IN DEN BAUCH HINEIN BEWIRKT, DASS MAN IN AUFREGENDEN SITUATIONEN ZUR RUHE KOMMT. EBENSO KANN MAN IN DEN EIGENEN KÖRPER HEREIN SPÜREN, WIE STEHE, SITZE ODER LIEGE ICH, WELCHE SINNESWAHRNEHMUNGEN UND GEFÜHLE KOMMEN AN MICH HERAN.

EIN FÜR MICH WICHTIGER WEG ZUR ACHTSAMKEIT SIND ALLTAGSRITUALE. SO ESSE UND TRINKE ICH BESONDERS BEWUSST, OBWOHL ODER GERADE WEIL SICH DIE AUSWAHL BEI MIR AUF WENIGE, IMMER IM GLEICHEN ABLAUF EINGENOMME-

NE SPEISEN BESCHRÄNKT. DIESE INSELN DER ENT-
SPANNUNG RETTEN MICH DURCH DAS FÜR AUTIS-
TISCHE MENSCHEN SO ANSTRENGENDE, TÄGLICHE
GEWIRR AUS REIZEN, GEFÜHLEN UND SOZIALKON-
TAKTEN.

ANDERE ALLTAGSTÄTIGKEITEN KÖNNEN, ACHT-
SAM AUSGEFÜHRT, ZU EINER ENTSPANNUNG FÜH-
REN: ICH PUTZE UND BÜGLE ZUM BEISPIEL GERNE.
IN DER ÄUSSEREN WELT ORDNUNG HERZUSTELLEN,
MINDERT DAS INNERE CHAOS. BEI DER ROUTINEAR-
BEIT BIN ICH IN BEWEGUNG, DABEI KÖNNEN MEI-
NE GEDANKEN RUHIG FLIESSEN, OHNE SICH IN DEN
AUTISMUS-TYPISCHEN SCHLEIFEN SICH WIEDERHO-
LENDER SÄTZE ZU VERFANGEN. ANDERE BEISPIELE
SIND GARTEN- ODER HANDARBEIT, SCHREIBEN UND
MALEN, SPAZIERGÄNGE, SCHWIMMEN, RADFAHREN
UND VIELES MEHR. INHALT UND ZIEL DER AKTIVI-
TÄT IST NICHT ENTSCHEIDEND, VIELMEHR GEHT ES
DARUM, ETWAS ZU FINDEN DAS ERFÜLLT, UND DAS
IST BEI JEDEM MENSCHEN ANDERS.

EIN WEITERER ASPEKT VON ACHTSAMKEIT BE-
ZIEHT SICH AUF DAS WAHRNEHMEN DER AUSSEN-
WELT, DIE UNS UMGIBT. DAS MUSS NICHTS SPEKTA-
KULÄRES SEIN. KÜRZLICH HABE ICH EIN RADIOFEA-

TURE GEHÖRT ÜBER EINE STÄDTEBAUARCHITEKTIN, DIE DAZU EINLÄDT, GANZ BEWUSST LANGSAM DIE STRASSEN ENTLANG ZU BUMMELN, UM DABEI DIE DETAILS EINER STADT WAHRZUNEHMEN:

GANZ GLEICH OB ICH DURCH MONTMARTRE IN PARIS ODER ÜBER EINE BELIEBIGE, HÄSSLICHE AUSFALLSTRASSE EINER RUHRGEBIETSSTADT SCHLENDERE, DER GENAUE BLICK ERLAUBT ÜBERRASCHENDES IM BANALEN ZU FINDEN. EBENSO KANN UNS DER ACHTSAME BLICK AUF DIE NATUR ERDEN: ACHTE AUF DAS WETTER, WELCHE VÖGEL HÖRST ODER SIEHST DU, WO BRICHT EIN LÖWENZAHN DURCH DEN ASPHALT. EIN BESONDERER MOMENT IM WECHSEL DER JAHRESZEITEN IST FÜR MICH ZUM BEISPIEL DER ZUG DER KRANICHE. WENN DIE SCHWÄRME ÜBER DEN HIMMEL ZIEHEN, BIN ICH OFT DIE EINZIGE, DIE EGAL WO ICH BIN, DEN LAUTEN RUFEN HINTERHER IN DEN HIMMEL SCHAUT.

MEINE THESE IST, DASS MENSCHEN MIT AUTISMUS EINE NATURGEGEBENE BEGABUNG ZUR ACHTSAMKEIT HABEN. DIE GROSSE REIZOFFENHEIT UND DER FOKUS AUF DETAILS IN VERBINDUNG MIT DER FÄHIGKEIT SICH IN SEIN INNERES ZURÜCKZUZIEHEN SPRECHEN DAFÜR. WENN WIR DIESE BEGABUNG

PFLEGEN, KANN SIE UNS EINE GRÖSSERE ZUFRIE-
DENHEIT UND RUHE SCHENKEN, UNABHÄNGIG VON
DEN ÄUSSEREN UMSTÄNDEN UND HINDERNISSEN UN-
SERES LEBENS.

DAS KONZEPT DER ACHTSAMKEIT LÄSST SICH
AUF DAS MENSCHLICHE MITEINANDER BEZIEHEN. ES
GEHT DARUM, EINE DOPPELTE AUFMERKSAMKEIT
ZU ZEIGEN, EINERSEITS FÜR UNS SELBST MIT DEN
EIGENEN WAHRNEHMUNGEN UND GEFÜHLEN, AN-
DERERSEITS FÜR DAS GESPRÄCH AN SICH UND MEIN
GEGENÜBER. DAS IST MEHR ALS DIE GÄNGIGE VOR-
STELLUNG VON EINFÜHLUNGSVERMÖGEN, DAS SICH
AUSSCHLIESSLICH AUF DAS GEGENÜBER RICHTET.
ERST WENN WIR UNSERER SELBST ALS
SPRECHER*INNEN BEWUSST SIND, KANN EIN AUS-
TAUSCH GELINGEN!

DAS KENNE ICH VON MIR NUR ZU GUT: IN EI-
NER BEGEGNUNG VERSUCHE ICH OFTMALS MEHR
ODER WENIGER VERZWEIFELT, DIE ÄUSSERUNGEN
UND BEDÜRFNISSE DER ANDEREN WAHRNEHMEN,
DARAUF ANGEMESSEN ZU REAGIEREN, DIE PASSEN-
DEN FRAGEN ZU STELLEN, BLICKKONTAKT ZU HAL-
TEN, MICH AN DIE SOZIALEN REGELN ZU HALTEN.
DAS IST NICHT NUR KRÄFTE ZEHREND, SONDERN

KANN SOGAR DAZU FÜHREN, DASS ICH MEINEN KÖR-
PER UND MEINE GEFÜHLE (AUSSER ANSPANNUNG
UND ERSCHÖPFUNG) KAUM NOCH SPÜRE. MIT DER
ZEIT HABE ICH GELERNT, DASS DAS NICHT EINMAL
ZUM ERFOLG FÜHRT, WEIL DAS GESPRÄCH VER-
KRAMPFT WIRD UND MEIN GEGENÜBER MICH EBEN-
FALLS NICHT MEHR SPÜREN KANN. DESHALB IST ES
WICHTIG, DAS EIGENE EMPFINDEN NICHT AUS DEM
BLICK ZU VERLIEREN UND WENN MÖGLICH AUCH ZU
ÄUSSERN, WAS WIR BRAUCHEN IN EINEM KONTAKT,
DER UNS GUT TUT. ACHTSAMKEIT FÜR UNS SELBST
BEDEUTET FÜR MENSCHEN MIT AUTISMUS AUCH,
SICH DER EIGENEN BESONDERHEITEN BEWUSST ZU
SEIN, GRENZEN ANZUERKENNEN UND UNS NICHT AB-
ZUWERTEN, WENN WIR UNS IN EINER KOMMUNIKA-
TIONSSITUATION SCHWER TUN ODER SOGAR DARIN
SCHEITERN.

ACHTSAME KOMMUNIKATION ZIELT DARAUF AB,
SICH GANZ AUF DAS GESPRÄCH EINZULASSEN, IM
HIER UND JETZT GANZ DABEI ZU SEIN. DAS HEISST,
ICH LASSE MEINEN GESPRÄCHSPARTNER AUSREDEN,
OHNE MIT ZWISCHENFRAGEN, BEMERKUNGEN,
RATSCHLÄGEN DAZWISCHEN ZU FUNKEN. DABEI
KOMMT ES AUF DIE INNERE HALTUNG AN: ICH LEGE

MEINE AUFMERKSAMKEIT AUF DEN SPRECHER UND
SEINE WORTE, WENDE MICH IHM INNERLICH ZU, OH-
NE GEDANKLICH ABZUSCHWEIFEN ODER IM KOPF
SCHON EINE ANTWORT ZU FORMULIEREN. EBENSO
GILT ES, DAS AUSGESPROCHENE NICHT GLEICH ZU
BEWERTEN, ALSO ES NICHT IN GUT UND SCHLECHT
EINZUTEILEN ODER IN VORGEGEBENE GEISTIGE
SCHUBLADEN EINZUSORTIEREN, SONDERN ES ALS GE-
GEBENHEIT ANZUNEHMEN. GEGENÜBER EINEM ACHT-
SAMEN ZUHÖRER FÜHLT MAN SICH GESEHEN UND
VERSTANDEN OHNE GROSSE WORTE UND GESTEN.
DAS ERSCHEINT UNS ZUNÄCHST UNNATÜRLICH, DENN
ALLTÄGLICHE DIALOGE BESTEHEN HÄUFIG AUS EI-
NEM RASCHEN WECHSEL VON REDE UND GEGEN-
REDE. EIN LANGSAMER, ACHTSAMER WECHSEL DER
GESPRÄCHSRICHTUNG KANN FÜR AUTISTISCHE MEN-
SCHEN ABER DURCHAUS VON VORTEIL SEIN, WEIL ES
MEHR ZEIT EINRÄUMT DIE EINDRÜCKE ZU SORTIE-
REN.

IN EINEM KURZEN SEMINAR KONNTE ICH ACHT-
SAME KOMMUNIKATION, ZUGEGEBEN IN EINEM EHER
KÜNSTLICHEN SETTING, AUSPROBIEREN. DABEI HA-
BE ICH GEMERKT, DASS ES MIR VERMUTLICH AU-
TISMUSBEDINGT KAUM GELINGT, DIE DREI BEREI-

CHE (SELBSTWAHRNEHMUNG, WAHRNEHMUNG DER GESPROCHENEN WORTE, WAHRNEHMUNG DES GEGENÜBERS MIT SEINEN EMOTIONEN, GESTIK UND MIMIK) GLEICHZEITIG ZU ERFASSEN. DAS IST WAHRES MULTI-TASKING! UM SO VERBLÜFFTER WAR ICH DAVON, WAS MEINE NT-GESPRÄCHSPARTNERIN IN DER KURZEN SEQUENZ ALLES VON MIR MITBEKOMMEN HAT. DARAUS SCHLIESSE ICH, DASS ACHTSAME KOMMUNIKATION IM SINNE EINER ZUGEWANDTEN INNEREN HALTUNG UND ALS ÜBUNGSFELD EIN GANGBARER WEG FÜR MICH IST, DEN ICH JEDOCH WOHL NICHT BIS INS LETZTE UMSETZEN KANN.

Wie kann man sein Selbstwert steigern?

Der Spiegel

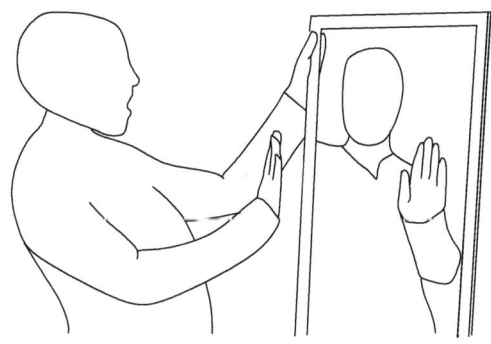

32: Spiegelbild

Wann hat man sich das letzte Mal so richtig vor dem Spiegel angesehen? Der Spiegel lügt nicht, er kann das gar nicht. Außer man ist auf dem Jahrmarkt vor einem Zerrspiegel. Aber das ist etwas anderes.

Schön, wenn man einen großen Spiegel besitzt. Man betrachtet sich den ganzen Körper und fragt sich, wie es aussehen könnte, wenn die eigene Position und Haltung einmal geändert wird.

Das Laufen

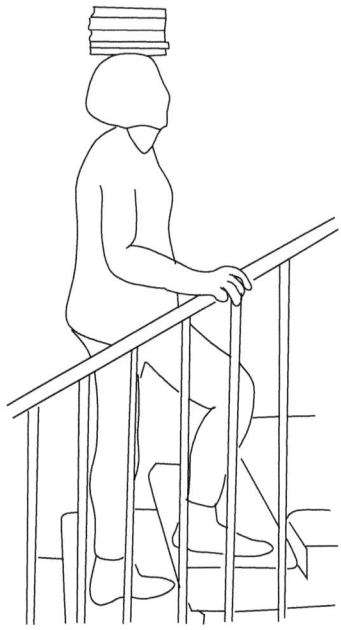

33: aufrecht gehen

Die folgende Übung basiert darauf, dass Körper und Geist miteinander verbunden sind

1. Zuerst stellt man sich vor einen Spiegel und schaut, wie man mit erhobenen Kopf ausschaut.

2. dann geht man so ein paar Schritte im Raum.

3. Beim nächsten Mal dann ein paar mehr Schritte eventuell auch nach draußen.

4. Bei jedem Mal etwas änger.

5. Eine Steigerung ist es dabei, noch ein Buch auf dem Kopf zu balancieren

6. Wie fühlt es sich an?

Parallel kann man auch mal ganz bewusst den ganzen Körper hängenlassen und sich dabei beobachten.

Mit erhobenen Kopf wird man ganz anders angesehen wird als bei gesenkten. Leute, die einen gerade deswegen kritisieren, bei denen sollte man sich fragen ob diese einen gut tun, oder ob diese sogar der Grund für das kaputte Rückgrat sind. Solche haben nämlich im Allgemeinen oft kein Interesse daran jemanden gleichwertig zu sehen.

Das Aufschreiben

Die Übung ist eigentlich ganz einfach:
Man schreibt einfach alles **mit der Hand** auf, was einem in den Sinn kommt, vor allem aber die eigenen Eigenschaften (Skills). Aber nicht mit dem Computer!

1. Aufschreiben der eigenen Werte

2. Anschauen dieser Werte

3. Betrachten mit erhobenen Kopf (Rücken gerade, "Brust raus").

Wenn man kann, dann auch mit der anderen Hand.

Warum mit der Hand?

Ganz einfach: Mit dem Schreiben codiert und decodiert man sich automatisch. Dieses sorgt dafür, dass solche Einträge besser verarbeitet werden.

Andere fragen

Hat man ein paar echte Freunde oder gute Kollegen, so kann man diese nach einem ehrlichen Bild fragen. Man wird erstaunt sein, was man als Antwort bekommt.

Auf jeden Fall ist es nicht die Antwort, die man eigentlich erwartet.

Perspektivwechsel

Alles Negative kann auch positiv sein. Es kommt lediglich auf die Umschreibung an. Zusätzlich kann man sagen:

- Ich mag mich, weil....

- Andere mögen mich, weil

Schöne Situationen

Es ist immer besser, sich an schöne Situationen zu erinnern. **Ja**, richtig, wir (alle) speichern die schrecklichen Situationen stärker als die schönen. Man muss ja vor dem Säbelzahntiger gewappnet sein...
Nein, es ist nicht immer gut, was die Genetik und eingepflanzt hat. Es gilt, diesen Instinkt ein Schnäppchen zu schlagen. Am besten, das Innere wird nach Schönem durchforstet, wo etwas gut gelaufen ist.

Nichts dabei? — O.K.

Dann noch einmal. Es ist auf jeden Fall was dabei. Meist nur gut versteckt.

Tagebuch

34: Tagebuch

Auch wenn es zuerst etwas schwerfällt: Ein Tagebuch wirkt Wunder. Dann hat man schwarz auf weiß (oder in jeder anderen Farbe). Und wie oben:

Mit der Hand

146

Wünsch dir was

Beliebte Gedankengänge sind:

Man ist ja nichts wert..

Man hat ja nichts geleistet...

Es wäre ja unverschämt...

Man darf sich also nichts wünschen?

F A L S C H !

Man darf sich immer alles wünschen und auch diese Wünsche äußern. Ob man den Wunsch erfüllt bekommt ist eine andere Sache. Ein Wunsch ist kein Verlangen, es ist eine Bitte. Und um etwas bitten darf man immer.

Traute

Warum sich nicht mal etwas trauen? Ins Blaue schießen und nicht gleich die Flinte ins Korn werfen?

Wenn man sich rational wie im Bauchgefühl *einmal* fragt, sieht die Sache oft anders aus.

Ein Gedankenszenario: Wie würde es aussehen, wenn man es wagt, und wie wenn man es so belässt?

Fehlerakzeptanz

Fehler sollte man sich sehr nüchtern betrachten. Es ist am Anfang schwer, das rein objektiv zu tun, mit der Zeit/Übung wird es einfacher. Fehler sind dazu da, damit man daraus lernt.

Punkt. Denn ohne Fehler wären wir jetzt nicht hier. Gerade die Rückschläge waren es, die unsere Vorfahren animiert und dafür gesorgt haben, dass wir jetzt auf dem Stand sind wo wir uns jetzt befinden.

Also aufstehen, Krönchen richten, die Ursache merken, damit man es nicht wiederholt und weitergehen. Und vor allen Dingen keine Angst haben. Wir denken ja auch nicht 10 Meter vor der Bananenschale, dass wir gleich auf der Nase liegen. Sondern schauen, wie wir die Schale umgehen. Besser noch, die Schale aufheben und in den Mülleimer werfen, damit Nachfolgende sich nicht hinlegen.

Wichtig ist es, nach vorne zu schauen. Da ist das Leben! Und gelegentlich nach hinten schauen, zu sehen, was man geleistet hat.

Alexander Flemming, der Entdecker des Penizillin als Antibiotikum zum Beispiel, war als unordentlicher Mensch bekannt. So war es auch (so sagt es die Anekdote) nicht verwunderlich, dass er eine Charge mit Bakterienkulturen auf dem Tisch vergessen hat, die dann dadurch mit Keimen aus der Luft verunreinigt worden ist.

35: Alexander Flemming

149

Aber anstatt sich großartig zu ärgern und diese Probe zu vernichten, schaute er sich diese genauer an und entdeckte die antibiotische Wirkung des Penizillin Pilzes. Er untersuchte die Probe genauer und entwickelte dann das bekannte Antibiotikum.

Das berühmte NEIN!

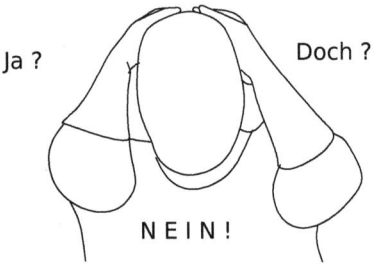

36: Nein – oder?

Nein sagen ist die schwierigste Tätigkeit überhaupt. Man hat Angst, dass man ausgegrenzt wird. Aber was wären dies für „Freunde", die einen dafür kritisieren?

Vor allen Dingen: Man hat *immer* die Zeit zu überlegen, ob etwas für einen gut ist oder nicht.

Wird diese Zeit nicht gegeben oder es wird gedrängt, dann ist das immer ein Nein, denn es wäre nicht die eigene Entscheidung.

Neben der Ratio darf übrigens auch das Bauchgefühl eine wichtige Rolle spielen. Die Frage

- ist das richtig?

- Verletze ich mich oder andere damit?

sollte immer dabei sein.

Die einzigen Regeln, die fest verankert sind, sind unsere Gesetze. Und die haben zumindest hier in Deutschland die Aufgabe, dass jeder ein gleichberechtigtes, geschütztes Leben hat!

Auch wenn es am Anfang weh tut: Es gibt derzeit ca. 6 Mrd. Menschen auf unserem Planeten. Also genug, auch andere zu treffen, die einem besser tun.

Bei den Aspies existiert dafür der Begriff *Vampire*. Also welche, die einem die Energie aussaugen. Schnell wech damit!

Unsere Sprache

Unsere Sprache zeigt die Ernsthaftigkeit zu dem wie wir stehen. Es ist gerade für uns Autisten nicht leicht, die passende Sprache zu finden. Hier gilt gerade für uns: Höflichkeit ist alles.

Die Stimme ist laut und kräftig aber nicht schreiend. Klar sollte die Stimme sein, mit erhobenen Kopf. Die Richtung ist immer dem anderen zugewandt und ruhig und langsam.

Aber **was** und vor allen Dingen **wie** sprechen wir? Dadurch, dass wir (Autisten) immer wieder die Fettnäpfchen zu suchen scheinen, sind wir doch eher sehr zurückhaltend. (Ausnahmen bestätigen hier wie immer die Regel.)

Wie gesprochen wird, hängt vor allen Dingen damit zusammen, mit *wem* gesprochen wird. Jugendliche in der Pubertät würden einen schon etwas komisch anschauen, wenn mit einer Sprache sprechen würde, die eher in akademischen Kreisen zu finden ist. Vor allen Dingen: Sie würden viele Wörter einfach nicht verstehen. Umgekehrt würde man in der sogenannten High Society anecken, wenn wie in einer einfachen Kneipe gesprochen wird.

Leider ist es oft so, dass wir aufgrund der lauten Umgebung den anderen akustisch nichtr verstehen können, ein Problem, das vor allen Dingen die mit hoher Hypersensivität zu kämpfen haben. Es kommt einfach ein Einheitsbrei an.

Um besser Text und Kontext nachvollziehen zu können, wird besonders auf die Lippenbewegung geachtet. Dies wiederum führt bei dem Gegenüber zu Irritationen.

Wenn es nun keine passende Umgebung gibt, wo verständlich kommuniziert werden kann, so ist es angeraten, den mitwirkenden Personen sein Problem rechtzeitig mitzuteilen. In den meisten Fällen, so habe ich es erlebt, besteht Verständnis dafür und es wird nach Alternativen gesucht.

37: Momo: Zeitsparkasse

Zeit

Schon beim Nein ist die Zeit da, ja sogar von Nöten, um eine richtige Antwort zu finden. **Zeit** hat man immer. Auch bei einer Klausur. Nimmt man sich die Zeit am Anfang, vergeudet man diese nicht, wenn man zum Beispiel eine Klausur schreibt.

1. Frage kommt angeschossen

2. zuhören, aufnehmen

3. repetieren, kann auch 30 Sekunden dauern

4. Antwort aufbauen

5. Antworten

Und vor allen Dingen: Lässt einem das Gegenüber keine Zeit, so ist es ratsam, die Situation höflich zu beenden. Ein Druckaufbau, egal welcher Art, ist immer eine Form der Herabsetzung und führt nicht zu gleichwertigen Handeln.

Work-Life-Balance

Immer wichtiger in in unserer heutigen Zeit ist die Unterscheidung zwischen *Arbeitsleben* und *privatem Leben*. Machen wir und nichts vor: Ein Arbeitgeber hat das höchste Interesse daran, das Maximum an Arbeit zu bekommen. Auch wenn die Gesetze den maximalen Tagesstundensatz bei zehn, beziehungsweise die durchschnittliche Stundenzahl bei acht Stunden festlegen, und zwischen zwei Arbeitsschichten mindestens elf Stunden liegen müssen, so wird sich oft daran nicht gehalten. Die *Fürsorgepflicht* wird hier gerne vergessen.

Hier ist das Prinzip des *Work-Life-Balance* wichtig. Dieser Ausgleich wird benötigt, um körperlich wie emotional eine Stabilität zu bekommen. Auch wenn man zu 100% mit Freude seine Arbeit macht, braucht man im Leben Einheiten zwischendurch, die physisch *und* psychisch erholen lassen.

Man kann über alles reden, nur nicht über eine $3/4$ Stunde

Diesen Spruch hat ein alter Professor von mir immer gesagt. Und da ist etwas dran. Bei allen Aufgaben, die durchgeführt werden, besonders bei intensiver Tätigkeit wie Zuhören und Verstehen oder konzentrierter Arbeit, nach dieser Zeit sind die eigenen Energien auf Minimum.

Die Asiaten machen es uns es vor. Dort ist es in vielen Betrieben möglich, sich eine kurze Zeit (normalerweise halbe bis dreiviertel Stunde) eine Auszeit zu nehmen. Oft gibt es sogar spezielle Geräte, die dabei helfen. Dies wird *Powernapping* genannt. Es wird geruht, aber nicht geschlafen. Nach etwa einer dreiviertel

Stunde geht der Körper in eine Art Schlafzustand über und will die gesamte vergangene Zeit aufarbeiten. Das geht aber nur bei einem Erwachsenen mit mindestens sechs Stunden, Kinder brauchen sogar mehr. Wird davor abgebrochen, ist man mehr kaputt als vorher.

Um das richtige Ausmaß zu finden ist nicht einfach. Dazu gibt es verschiedene Hilfsmodelle wie zum Beispiel die untenstehende Grafik:

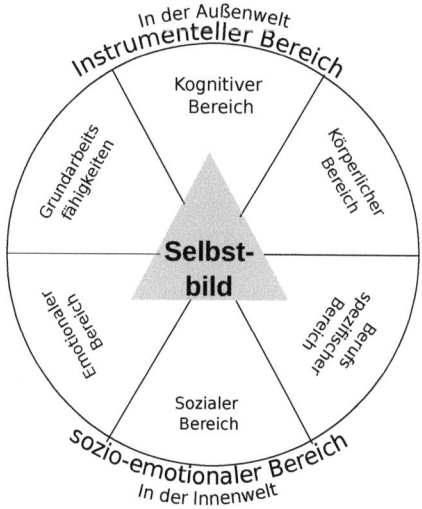

38: Work Life Balance

157

Vorgehensweise

Wenn ich Aufgaben zu erledigen habe, die eine hohe Konzentration erfordern, baue ich meine (Arbeits-)Stunde nach folgendem Schema auf:

10	min	Vorbereitung
45	min	Aufgabenbewältigung
5	min	Nachbereitung

Schönes Wetter heute –
oder der Versuch bei Small Talk durch-
zukommen

39: Small Talk

Etwas, was bei uns im autistischen Spektrum doch relativ häufig vorkommt, ist das Unverständnis dafür, was NTs als *Small Talk* bezeichnen.

Wie kann man sich einfach nur über das Wetter unterhalten? Meistens ist es doch wie immer und es gibt keine besonderen Auffälligkeiten.

Menschen mit Autismus haben einen großen Hang zu Fakten. Wenn also etwas Nichtssagendes angesprochen wird, wie zum Beispiel das Wetter, wissen wir nichts damit anzufangen.

Umgekehrt sind viele Nichtautisten genervt, wenn wir *unsere* Themen ansprechen. Denn damit kennen wir uns ja aus.

Interessanterweise gibt es einige Serien, die unsere Problematik ansprechen, obwohl das Thema Autismus in keinem Wort angesprochen wird und dabei Hilfestellungen geben. Als Beispiel nenne ich hier nur die *Star Trek Serie* (Ja, ich bin ein Trekkie).

In der ersten Staffel aus den 60ern gab es einen wissenschaftlichen Offizier, Spock (R.I P. Leonard Nimoy) der halb Vulkanier, halb menschlich war. Die Vulkanier sind eine außerirdische Spezies, (die ersten, die mit den Menschen in Berührung kamen) die schon vor ewiger Zeit Emotionen und nichtssagende Kommunikation abgeschafft haben und damit in einer friedfertigen Welt leben. Dadurch sind Ihnen menschliche Verhaltensweisen oft fremd. Das besondere an Spock nun ist, dass er halb menschlich ist, aber auf Vulkan gelebt hat. So kommt er oft in Konflikt mit beiden Eigenschaften.

40: Spock

In der zweiten Staffel, *The Next Generation*, wurde
dieses noch weiter ausgeweitet. Auch ist das Besondere an der Staffel, dass hier sehr verschiedene menschliche Wesenszüge dargestellt werden. (Wie zum Beispiel
Depressionen, schizoide Störungen, besondere Ängste,
Verzerrungen der eigenen Wirklichkeit, Narzissmus.....).
Die Figur die ich aber hier ansprechen will, ist Data,
ein Android. Er hat zwar grundlegende menschliche
Eigenschaften programmiert bekommen, aber Besonderheiten, wie das Deuten von Emotionen bleiben ihm
verwehrt. Am Ende der Serie implantiert er sich einen
Chip, mit dem er Emotionen wenigstens deuten kann.
(wieso erinnert mich dass an Bill Gates....?) Was damit

anzufangen, damit hat er immer noch Schwierigkeiten.

Es gibt noch weitere Serien wie zum Beispiel *Doctor Who*, *Mork vom Ork* oder *Alf*, aber auch *Catweazle*, die solche Schwierigkeiten beschreiben. Eine real existierende Figur in der Vergangenheit war zudem noch *Kaspar Hauser*, der ein Thema vieler, vieler Psychologie Arbeiten ist.

Also die Informationen haben wir, nur was damit anfangen, das können wir nicht. Was also tun, wenn wir uns zu einer Runde dazugesellen oder gar ein Gespräch anfangen wollen?

Beliebte Themen sind

- **Das Wetter**

Über das Wetter können die NTs stundenlang referieren. Wenn man aber dann wunderschöne blaue Lichtfarbe am Himmel anspricht und die Frequenzen beleuchtet, stößt man schon auf einiges Unverständnis. Also letzteres einfach weglassen und die Schönheit anmerken. Und dann etwas sacken lassen und hoffen, dass die Gegenüber auch etwas mitteilen, was man aufgreifen kann.

- **Das Essen**
(besonders auf Veranstaltungen und Parties)

Gerade bei Veranstaltungen und Parties (wenn man mal eingeladen wird) mit Buffet oder allgemein Essen, ist das Thema ein guter Anlass, in einem Thema einzusteigen. Dabei sollte man tunlichst vermeiden, schlecht über das Essen zu reden (auch wenn es wahr ist – siehe *Frau Birnbaum* von Friedrich Holländer). Wenn das Essen schlecht ist, einfach allgemein halten und sonst positiv darüber sprechen. Mit der Ironie sollten

wir es aber nicht versuchen. Das geht meistens
schief.

- **Anekdoten der eigenen Kinder** (wenn man
  selber Elter ist)

  Kommt man in eine Gruppe, die aus Leuten besteht, die selbst Kinder haben, so kann das ein
  guter Einstieg sein. Dabei gilt wie oben: Nicht
  allzu Schlechtes, sondern eher etwas Lustiges, dem
  Alter der Kinder entsprechend.

Zu guter Letzt

	überhaupt nicht	eher nicht	keine Ahnung	fast	trifft zu
Kannst du nein sagen?					
vertrittst du deine Meinung?					
Bist du stolz auf deine Leistung					
Stehst du zu deinen Fehlern?					
Liebst du dich?					
Akzeptierst du deine Schwächen?					
Sagst du das, was du willst?					
Kannst du Schweigen ertragen?					
Beendest du ein Gespräch, wenn es andere nervt?					

41: zu guter Letzt

Resilienz

Wir (nicht nur Autisten) kennen das alle: Da wird in den Tag hinein organisiert und dann kommt es anders als erwartet. Irgendwas oder irgendjemand sorgt dafür, dass deiner Planung einen Strich durch die Rechnung gemacht wird.

Jetzt ist alles daneben. Nichts funktioniert mehr. Eigentlich sollte unsere Ratio (man behauptet ja von uns Autisten dass die Ratio sehr hoch und die Emotionen fast Null sind) sagen, Sch... egal, wir machen mit dem nächsten Punkt weiter.

Zu schön, um wahr zu sein. Es passt nicht in unser organisatorisches Bild und sorgt dafür, dass wir erst einmal zu gar nichts fähig sind.

Besonders schlimm ist es, wenn mal eben ein „kleiner" Auftrag dazwischen geschoben, oder ein Auftrag weitergegeben oder abgeschlossen wird, weil es ja ausreicht oder andere es eh besser machen.

Was hilft nun dagegen?

42: 7 Säulen der Resilienz

Das Maß für diesen inneren Widerstand, auch gegenüber anderen Personen, wird als *Resilienz* bezeichnet. Das Gegenstück ist die *Vulnerabilität*, also Verletzlichkeit. Das Problem hierbei ist, dass beide in der Extremität sehr unbrauchbar, sogar schädlich sind. Wie bei allem gilt: Das beste ist irgendwo in der Mitte und flexibel.

Heutzutage spricht man von sieben Aspekten, den sogenannten Säulen, die einen inneren Widerstand beeinflussen:

Akzeptanz

Wie oft schon beschrieben, ist das Akzeptieren anderer, aber vor allen Dingen von sich selbst, ein wichtiges Kriterium des eigenen Widerstandes.

Analog zu Klaus Wowereit, dem ehemaligen Bürgermeister Berlins, der sich zu seiner Homosexualität mit dem Satz „und das ist auch gut so" bekannte, was hindert daran, zu sich zu stehen?

Vor allen Dingen: **Wer** hat das Recht über einen zu urteilen? Selbst Richter, deren Aufgabe ja es ist, Urteile zu fällen, machen das mit dem Hintergrund bestehender Gesetze und immer zum Wohl des Volkes. Dazu haben sie sich verpflichtet.

Ja, es ist schwer, zu sich zu stehen. Aber im Allgemeinen wird nicht gegen irgendwelche Gesetze verstoßen und unsere Verfassung gibt jedem die Freiheit sich selbst zu sein.

Aber auch *wenn* man gegen irgendwelche Gesetze verstoßen haben sollte und steht dazu, noch besser erkennt man es an und versucht die Fehltat zu beheben, so zeigt das eine hohe Resilienz und Stärke.

Beziehungen gestalten

ES IST GUT, DASS DER MENSCH NICHT ALLEIN SEI...
So steht es sinngemäß in der Bibel und anderen
religiösen Schriften. Auch wir im autistischen Spektrum benötigen den Zusammenhalt mit anderen. Dabei muss eine solche Beziehung nicht unbedingt eine
feste Partnerschaft sein. Beziehungen sollten wir mehrere haben. Allein sein ist dabei genau so schlimm wie
nur eine (sehr feste) Partnerschaft, die eventuell zu einer Abhängigkeit führt.

Eine Beziehung hat man auch zum Beispiel in der
Familie, mit Freunden (gleich ob fest oder lose) oder
einfach nur Bekannte oder Nachbarn. Auch der Kauf-
mann um die Ecke, zu dem man regelmäßig hingeht.

Egal, wie nun die Beziehung aussieht: Es gilt sie
zu pflegen. Zumindest so lange, wie sie einem gut tut.
Und das ist auch wieder ein wichtiger Aspekt. Wenn
eine Beziehung anfängt, zu zerstören, dann ist es ratsam, diese schnell zu lösen um nicht darunter zu leiden.
Auch das hat mit Resilienz zu tun. Die Stärke, sich von
etwas zu trennen.

Dieses hat auch nichts mit Egoismus zu tun, was
einem gerne von anderer Seite vorgeworfen wird. An

erster Stelle steht man bei sich selbst, dann kommen erst die anderen. Hat man eine Verantwortung anderen gegenüber, so sollte man sich Hilfe holen, wenn man durch diese Beziehung erkrankt.

Lösungsorientierung

Etwas sehr wichtiges, gerade in unserer heutigen Zeit. Wenn man die sozialen Medien durchsucht, merkt man, dass sehr oft, ja fast nur kritisiert wird, aber keine Lösungsvorschläge vorhanden sind. Dabei zeigt die Orientierung nach einer Lösung eine hohe Resilienz. Man weiß was man will, und hat Ideen, wie man zu einer Lösung kommt.

Wohlgemerkt, es muss keine Lösung vorhanden sein, und auch mögliche Lösungen müssen nicht zwangsläufig zum Ziel führen. Darum geht es auch nicht. Wichtig für das eigene Selbst, dabei ist die Resilienz zu wissen, in welche Richtung man will.

Optimismus

Ist das Glas nun halb voll oder halb leer? Es kommt auf den Standpunkt an. Ist es eine unangenehme Medizin, dann ist man mit dem halben leeren Glas optimistisch. Man hat ja die Hälfte schon geschafft.

Es kommt auf den Standpunkt an. Optimismus bedeutet, sich über das zu freuen, was einem beschert wird. Gewinnt man diese Einstellung und giert nicht nach immer nur neueren, besseren, so hat man seine Resilienz doch um einiges bestärkt.

Selbststeuerung

Es ist so schön einfach. Jemand sagt einem, was man zu tun oder zu lassen hat. Nur ist man dann auch selbst? Wichtig ist es, sich selbst wahrzunehmen und damit auch selber zu steuern.

Baden-Powell, der Begründer der Pfadfinderbewegung, sagte einmal:

JEDER PADDELT SEIN BOOT SELBST.

Ab und zu trifft man ein anderes Boot, mit dem man eine Weile oder sogar bis zum Ende mit paddelt (siehe Beziehung) und irgendwann hat man bei sich ein kleines Boot das man geleitet, bis es selber alleine fahren kann (siehe Verantwortung), aber das eigene Boot hat man selber im Griff. Je mehr die eigene Selbstständigkeit vorhanden ist, umso stärker wird man.

Verantwortung übernehmen

Eine Verantwortung zu übernehmen ist nicht nur eine Last. Ganz im Gegenteil. Wer Verantwortung hat, der stellt sich auch schützend vor seinen Protegé. Und um dieses überhaupt zu können, ist schon eine gewisse Resilienz von Nöten.

Umgekehrt funktioniert das allerdings auch. Wer eine Verantwortung übernimmt, bei dem wächst nach einiger Zeit auch der innere Widerstand.

Die Zukunft gestalten

Auch ein sehr wichtiger Aspekt. Hängt auch sehr stark vom Optimismus ab. Wer sich Gedanken über die Zukunft macht und sie auch gestalten will, hat auch eine Vorstellung dazu. Negative Einflüsse werden mit einbezogen und dadurch ist man besser gewappnet vor allen Widrigkeiten.

Wenn es zu spät ist
Hilfe beim Overload/Meltdown

Trotz aller Vorsichtsmaßnahmen kann es dennoch passieren, dass der Worst Case eintritt. Was also tun?

Auch jetzt gibt es verschiedene Möglichkeiten, bevor das Notfallmedikament eingenommen werden muss.

Das Wichtigste ist es jetzt, sich zu erden, das heißt eine Basis zu finden, die die Richtungen definiert. Das geht am besten, wenn man Orte oder Räumlichkeiten findet, die möglichst frei von allen, hier im Besonderen den optischen und akustischen, Reizen sind.

173

materielle Hilfsmittel

Die sensorische oder auch Gewichtsdecke

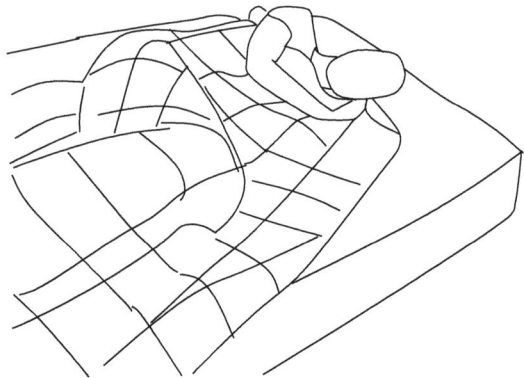

43: Schweredecke

Die Gewichtsdecke ist eine Decke mit einem hohen Gewicht. Diese gibt einen das Gefühl, nicht frei in der Luft zu hängen.

Der Ansatz liegt in dem Effekt des *Tiefendrucks*. Nach derzeitigen Studien ist ein optimales Gewicht etwa 10% des Eigengewichtes. Zu schwer sollte sie aber nicht sein, da dies das Atmen beeinträchtigt.

174

Hat man eine Bezugsperson oder eine Person, der man sehr vertraut, so hilft es auch sehr gut, von dieser Person in den Arm genommen und fest gedrückt zu werden.

Ohrstöpsel oder Kopfhörer

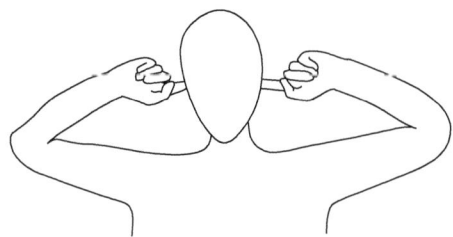

44: Ohren zuhalten

Oft kommen die Overloads und damit die verbundenen Meltdowns dann, wenn man sie nicht gebrauchen kann: Auf der Straße, im Bus oder bei der Arbeit.

Was also tun?

Das einfachste ist es, die sensorischen Impulse zu un-

175

terdrücken. Wenn man aber sich zum Beispiel die Ohren zuhält, hat man keine Hand mehr frei etwas anderes zu tun.

Hier helfen die klassischen Ohrstöpsel, welche einfach fast überall zu bekommen sind. Allerdings sollte man dann im Straßenverkehr besonders gut aufpassen...

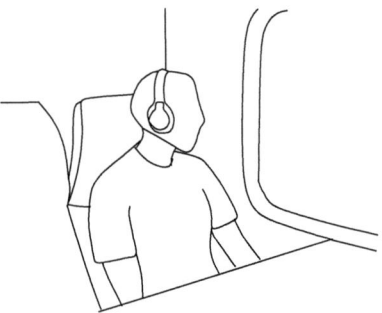

45: Kopfhörer unterwegs

Eine gute Alternative finde ich sind Kopfhörer. Mit einer entspannenden Musik, die in die Umgebungsgeräusche mit einfließen. Gerade so laut, dass die anderen Geräusche nicht stören. So ist man schnell in einer eigenen Welt.

Sonnenbrille

46: Blues Brothers

Cool, wie die Blues Brothers zu sein, oder?

Nein, im Ernst, Licht kann gerade bei einer Überreizung gewaltig stören. Eine dunkle Sonnenbrille hilft da sehr viel. Also nicht verwundern, wenn auch im Winter jemand auf der Straße mit dunkler Sonnenbrille herumläuft. Vielleicht hat diese Person gerade einen Overload oder ist kurz davor.

177

47: Sonnenbrille

Aber auch in Ruheräumen oder in der Nacht kann Licht sehr störend sein. Hier helfen einfache Schlafmasken. Ideal sind welche mit integriertem Kühlpack.

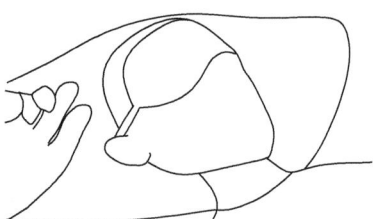

48: Schlafmaske

Eiswasser

Gerade bei einem Meltdown hat man Schwierigkeiten,
sich selber zu spüren. Da helfen extreme Reize, kurzfristig angewendet, um wieder auf die Spur zu kommen. Gerade dieser Kältereiz erdet einen. Wie lange
man die Hände in das Wasser legt, ist individuell. Es
soll ja gut tun, nicht schmerzen!

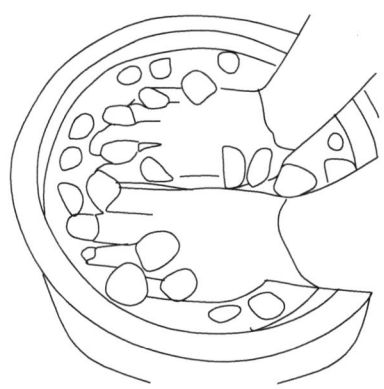

49: Eiswasser

179

Stimmungskalender

In den Tagen, an denen es einem schlecht geht, hat man normalerweise keine Lust, seine Befindlichkeiten aufzuschreiben. Aber dennoch ist es wichtig, diese zu dokumentieren. Nicht nur für sich, auch für einen Arzt können diese Einblicke sehr nützlich sein, um die bestmöglichen Gegenmaßnahmen zu treffen.

Ein einfacher Stimmungskalender, so wie ich ihn selber verwende, habe ich unten angeführt. Am besten, gibt sich selber Noten wie man sich fühlt ind trägt diese dann in die Kästchen ein.

Datum Mo/Di/Mi/Do/Fr/Sa/So   __.__.20__   __:__ ☐Feiertag

aufgewacht __:__   aufgestanden __:__

     __:__

             Mittagsruhe __:__ bis __:__

Stimmung ☐ Freude ☐ Angst ☐   Wut ☐

Ohnmacht ☐ Trauer ☐ Liebe ☐ Scham ☐

Bett __:__   Medikamente _____

_____

_____

_____

_____

50: Stimmungskalender

Sandsack

Gerade bei der aggressiven Form eines Overloads ist es besser, die eigenen Aggressionen *kanalisiert* abzubauen und nicht herunter zu schlucken. Denn dann stauen sich diese Energien in einem selber auf, bis sie explodieren.

51: Sandsack

Eine gute Methode des Ausgleichs ist der berühmte Sandsack. Da kann man durchaus draufschlagen, ohne sich ernsthaft zu verletzen.

Die Miniaturalternative ist der *Wutball*. Diese gibt es in verschiedenen Formen doch recht preisgünstig zu erwerben und sind die heutige Variante des „Prügelknaben". Man kann sie Quetschen oder auch an die Wand werfen (Vorsicht, je nach Aggressionspotential kann da durchaus Schaden entstehen). Egal was, Hauptsache, keine andere Person, kein Tier oder irgend eine Sache geht dabei zu Schaden.

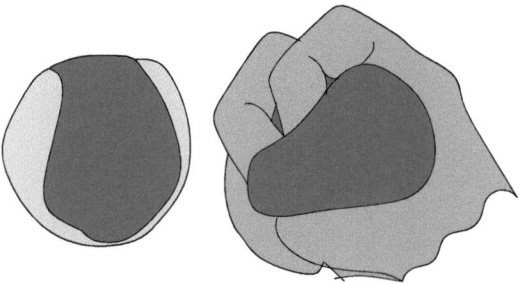

52: Wutball

Man kann Wutbälle auch einfach selber herstellen:

182

1. leeren Luftballon mit Sand, Reis oder Grieß auf-
   füllen, bis die gewünschte Größe erreicht ist.

2. Luftballon zu knoten.

3. Damit der Inhalt nicht schon beim ersten Ge-
   brauch verschwindet, eine Schutzhülle drum herum nähen. Ideal sind hier Materialien aus (Kunst-)
   Leder, Hanf- oder Leinenstoff.

Therapien und Handhabungen

Der (Wald-)Spaziergang

Gerade beim Overload, also kurz bevor der Meltdown
einbricht, ist es wichtig, seine Sinne neu zu erden. Das
funktioniert zum Beispiel mit einem Spaziergang, entweder mit oder ohne die oben genannten Hilfsmittel.
Ideal sind hier reizarme Gegenden, wie zum Beispiel
im Wald, am See oder aber auch in einer sehr ruhigen
Seitenstraße.

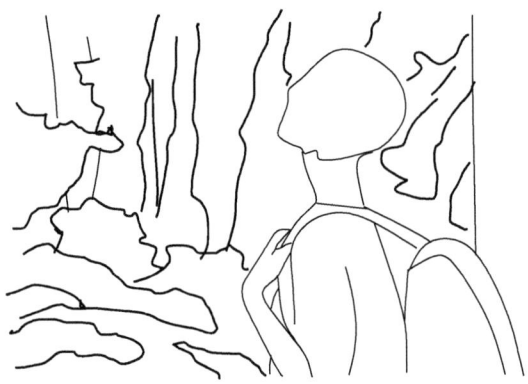

53: Waldspaziergang

Leider ist dies oft nicht möglich. Wenn alle Stricke reißen, sollte man versuchen, *irgendeinen* Platz zu finden, der so reizarm ist, dass man sich darin eine Zeitlang verkriechen kann. Auch hier gilt: hier lieber einen etwas kühleren Raum nehmen.

Snoezelen

54: Snoezelenraum

Snoezelen ist eine Form aus Holland. Es ist eine Verbindung aus den niederländische Wörtern *snuffelen* (Dt. ≙ kuscheln) und *doezelen* (Dt. ≙ dösen).

Man verwendet ganz bestimmte Reize in entspannte Umgebung, um wieder zur Ruhe zu kommen. Wenn man sich damit nicht richtig auskennt, dann sollte man jedoch Fachkräfte (Therapeuten die damit ausgebildet sind) zuschalten.

Richtig angewendet, kann diese Form der Therapie bei verschiedenen Problemen helfen. In vielen Therapieformen wird Snoezelen dazugeschaltet, um die Effekte zu verstärken und Ängste abzubauen.

Progressive Muskelentspannung (PMR)/ Jakobsen

Die progressive Muskelentspannung (progressive Muskelrelaxion, PMR) ist eine einfache wie effektive Methode um wieder zur Ruhe zu kommen.

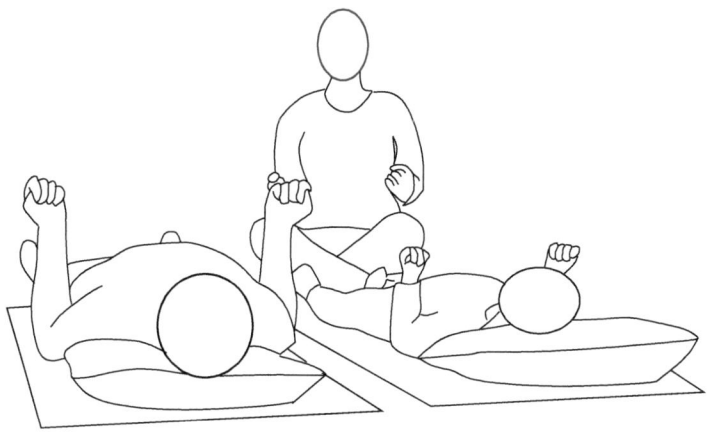

55: Jakobsen

Durch bewusste Anspannung einzelner Muskelbereiche mit darauffolgender Entspannung wird dafür gesorgt, dass allmählich der ganze Körper anfängt sich

187

zu entspannen und die innere Unruhe minimiert wird, sogar ganz verschwindet.

Klassischerweise und vor allem in der Anfangszeit liegt man am besten auf dem Rücken. Der Boden sollte angenehm, aber nicht zu weich sein. Am Anfang macht es Sinn, dies unter Anleitung einer erfahrenen Person durchzuführen. Auch findet man im Internet auf Videokanälen einige Anleitungen und einige Krankenkassen bieten kostenfrei für alle passende CDs an.

Ist man nach einiger Zeit geübt, dann kann es auch ohne Anleitung durchgeführt werden. Der Vorteil dabei ist, dass die Methode in jeder Position funktioniert, zumindest habe ich keine Stellung gefunden, in der es nicht wirkte. Das kann zum Beispiel auch der Bürostuhl am Arbeitsplatz währen der normalen Arbeit sein. Von Außen ist es kaum sichtbar.

56: PMR am Arbeitsplatz

Die meisten Durchführungen beginnen bei den Händen, zuerst die linke (bzw die rechte bei Linkshändern), dann die andere Seite, zuletzt beide Seiten zusammen. Man bildet eine Faust mit gefühlsmäßig maximaler Kraft und hält die Spannung etwa 15 Sekunden an.

Danach lockert man die Faust ganz bewusst. Schon jetzt spürt man die leichte Entspannung am ganzen Körper.

Von den Händen aus geht man weiter zu Unterarm, Oberarm und Schulter und geht weiter zu Nacken und Kopf/Kiefergelenk.

Weiter geht es dann zum Rücken und beginnt dann bei den Zehen zu Ferse zu Unterschenkel zum Oberschenkel zu Leistengegend und Bauch und beendet die Übung gefühlsmäßig am Herzen.

Wie weit angespannt wird, liegt bei einem selber. Es soll ja gut tun. Später, wenn man in Übung ist, reicht es oft auch nur die Extremitäten anzuspannen.

Angenehm ist es, wenn dazu im Hintergrund entspannende Musik leise läuft. Ich selber verwende gerne dazu klassische Musik der Blockflöte, zum Beispiel von Hans Jürgen Hufeisen.

Körperreise

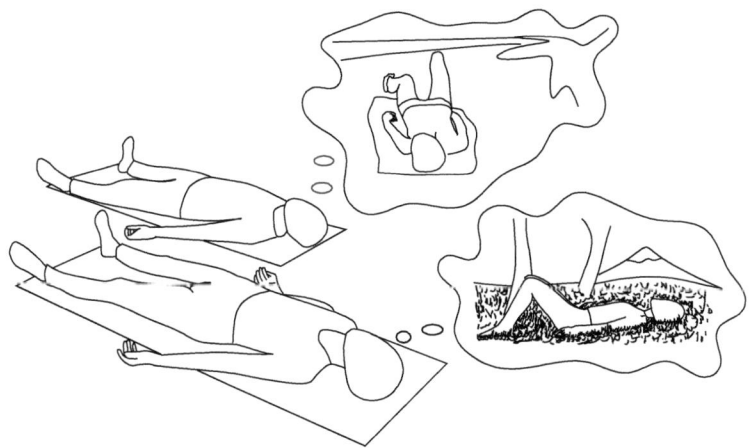

57: Körperreise

Wie wäre es, jetzt am Strand zu liegen und den Wellen zuzuhören? Aber man ist im Hier und Jetzt. Warum eigentlich? Unsere Vorstellungskraft ist hoch genug, sich einfach den Sand, auf dem man liegen möchte vorzustellen, den Wind und die Wärme imaginär zu spüren.

Am besten funktioniert dies, wenn gemeinsam die „Reise" gemacht wird und ein „Reiseleiter" die Reise erklärt. Im Internet, besonders bei den verschiedenen Audio- und Videokanälen findet man verschiedene Dateien. Einfach zuhören und mit verreisen...

Der Mut zur Langsamkeit

58: Sinnbild der Langsamkeit

Die Idee kam mir, als ich das Buch *Die Entdeckung der Langsamkeit* gelesen habe. Das Buch stammt von dem Autor *Sten Nadolny* und beschreibt das Leben des Seefahrers *John Franklin*. John Franklin war von Geburt auf immer sehr viel langsamer, hatte es aber durch seine Beharrlichkeit zu einem großen Entdecker gebracht. Leider sind er und seine Crew seit seiner letzten Polarexpedition 1847 verschollen.

Schon damals galt Langsamkeit als Defizit. Und dennoch hat Franklins zu einem gewissen Ruhm gebracht.

Warum also alles langsamer?

Gerade in der Zeit des Meltdown ist man eher fahrig und unachtsam. Alles MUSS schnell erledigt werden. Das wiederum erhöht die Fehlerhäufigkeit und endet nicht selten darin, dass man zurückgeworfen wird, was zu weiteren Frustrationen führt. So schließt sich der Teufelskreis, aus dem man nur noch mit Mühe herauskommt.

Also, alle Schritte mindestens die Hälfte langsamer und alles voll bewusst durchführen. Eine schöne Achtsamkeitsübung.

Zugegeben, es ist am Anfang extrem schwer, alles bewusst langsamer zu machen. Und was sollen die

Anderen denken? Den letzten Satz sollten wir uns eh aus dem Kopf streichen. Wenn es nur langsamer geht, dann geht es halt nur langsamer. Aber es geht voran und nicht wieder zwei Schritte zurück.

Ich selber mache alle Bewegungen dann im Zeitlupentempo. Ein einzelner Schritt dauert dann zum Beispiel zwei bis drei Sekunden.

Und? Ich zeige dem Teufelchen in mir, dass er keine Macht hat und ICH mich kontrolliere. Ich bestimme wo es lang geht, niemand anderes!

Der zweite Aspekt hierbei ist, dass ich dann die Umwelt besser wahrnehme. Diese Form von Achtsamkeit lässt mich nicht nur die Umgebung wahrnehmen, sondern mir fallen Dinge auf, die ich vorher nie wahrnehmen wollte.

Filmografie

Auch wenn ich oben erwähnt habe, dass es heute so gut wie keinen Film mehr gibt, in dem nicht mindestens ein Autist in all seinen Klischees vorhanden ist, so existieren doch einige Filme, die ich gut finde. Einige davon möchte ich kurz vorstellen:

Adam - eine Geschichte über zwei Fremde

Adam ist ein Asperger Autist mit einer Leidenschaft für Astronomie. Kurze Zeit nach dem Tod seines Vaters, mit dem er die ganze Zeit zusammengelebt hatte, ist in die Nachbarwohnung eine neue Mieterin eingezogen. Wie es sich nun mal für einen Film gehört, nähern sich die beiden an.

Beth, die neue Mieterin, ist genauso von den Eigentümlichkeiten Adams fasziniert wie umgekehrt. Und beide bringen ihre Probleme mit, bis die ganze Sache eskaliert.

Ich finde, das Besondere an dem Film ist, dass er doch gut zeigt dass nicht nur Autisten Eigenarten haben und es von beiden Seiten gelernt werden muss, wie

195

mit dem Gegenüber am besten umzugehen ist.

BenX

Ben ist ein Asperger Autist, Schüler und lebt in seiner eigenen Welt. Er vertieft sich sehr stark in das Onlinespiel *Archlord*, in dem er auf einem hohen Level ist und für ihn die einzige Kommunikation darstellt. In diesem Spiel lernt er ein Mädchen kennen, das seine Wellenlänge zu verstehen scheint.

Außerhalb dieses Spiels geht es ihm nicht so gut. Von den Eltern und Lehrern missverstanden und von den Mitschülern gemobbt, zieht er sich so weit zurück, dass es in einem Suizid zu enden scheint. Seine Gefährtin aus dem Onlinespiel ist immer virtuell dabei.

Der Film, der auf Erzählungen einer real existierenden Person basiert, zeigt deutliche die Auseinandersetzung eines Autisten mit seiner Umwelt und ist eher nichts für sensible Gemüter.

Mozart und der Wal

Donald ist Mathematiker und Taxifahrer, Isabell Malerin, die in einem Frisörsalon arbeitet. Beide lernen sich in der Selbsthilfegruppe für Autisten kennen und lieben, die Donald gegründet hat.

Das Besondere an dem Film ist es, dass zum einen nicht nur männliche Autisten gezeigt werden, zum anderen auch die doch sehr unterschiedlichen Interessen und Inselbegabungen darstellt werden.

Im Weltraum gibt es keine Gefühle

Die Komödie handelt von Simon, einem Autisten, der, nachdem seine Eltern nicht mehr weiterkommen, bei seinem Bruder unterkommt. Leider sorgt seine Art dafür, dass die Freundin sich von seinem Bruder trennt.

Von Schuldgefühlen geplagt, versucht er eine neue Freundin für seinen Bruder zu finden, allerdings ohne sein Wissen. In Beziehungsfragen extrem unerfahren, tappt er von einem Fettnäpfchen ins nächste.

Dabei trifft er per Zufall Jennifer und beschließt, das sie die richtige Person für seinen Bruder ist. Was natürlich auch daneben geht...

Die Komödie zeigt, dass auch Autisten über sich lachen können.

Du gehst nicht allein

Der Film ist eine wunderschöne Biografie von *Temple Grandin*, einer Autistin die sich zu einer Fachfrau für Viehwirtschaft entwickelt hat. Es ist lohnenswert sich ihren Lebensweg anzuschauen.

Rain Man

So ziemlich der erste Film, der sich mit dem Thema Autismus beschäftigt hat. Hervorragend hier *Dustin Hofmann* in seiner Rolle als Autist Raymond.

Der Narzisst Charly Babitt nimmt seinen Bruder Raymond auf, um an das elterliche Vermögen zu kommen. Während der langen Autofahrt nach Hause kommt die ganze Vergangenheit wieder hoch und Raymond sorgt für Emotionschaos bei Charly.

Abbildungsverzeichnis

Index